Series in A...

王仁湘　主编

CARVING IN SQUARE

方寸大千
——中国古代玺印篆刻
Ancient Chinese Seals

陈根远　著

文物出版社

图书在版编目（CIP）数据

方寸大千：中国古代玺印篆刻 / 陈根远著. -- 北京：文物出版社，2021.12
（考古与文明丛书 / 王仁湘主编）
ISBN 978-7-5010-7289-7

Ⅰ. ①方… Ⅱ. ①陈… Ⅲ. ①古印(考古)–鉴赏–中国②篆刻–鉴赏–中国–古代 Ⅳ. ①K877.6②J292.42

中国版本图书馆CIP数据核字(2021)第233361号

方寸大千
——中国古代玺印篆刻

著　　者：陈根远
丛书主编：王仁湘

责任编辑：高梦甜
助理编辑：王颖洁
责任印制：张道奇
封面设计：特木热

出版发行：文物出版社
社　　址：北京市东城区东直门内北小街2号楼
邮　　编：100007
网　　址：http://www.wenwu.com
经　　销：新华书店
制版印刷：天津图文方嘉印刷有限公司
开　　本：710mm×1000mm　1/16
印　　张：14.5
版　　次：2021年12月第1版
印　　次：2021年12月第1次印刷
书　　号：ISBN 978-7-5010-7289-7
定　　价：68.00元

本书版权独家所有，非经授权，不得复制翻印

徜徉在文明的长河

文明，如同是一条长河，涓滴汇溪，宽缓窄急，回旋蜿蜒，奔流不息，时有波平又浪起，时见雾涌又云蒸，景象万千。

文明之河悠长，如今站在长河的何处，我们其实知道也不知道。我们并不知晓河源有多远，也不知晓河流有多长，所以也不能完全明白自己的坐标在哪里。我们只是看到前后不远处的气象，更远处的景致，通常只是从文本与传说获得的印象，既不真切，也不确定，还有许多的猜测。更有文明孕育的遥远年代，许多的故事也都有待发现，有待复构。

我们会好奇，好奇文明长河那些未知的风景，想知道风景是怎样的妖娆，想看看色彩是怎样的斑斓？我们真惊奇，但见长河散璧遗珠，是那样典雅温润，想象中还有多少失踪的宝藏？我们也会惊叹，长河流淌过的人文情怀是如何光灿日月，我们的民族精神是怎样的不屈不挠？我们也很惊疑，长河源头究竟有多远，众里寻她千百度，还需几番探寻才能确认？我们非常向往，文明长河会流向何方，百川归海又会是怎样的气势？

忽如一夜东风来，考古列入国家文化建设战略，我们心中的文明之谜将会加速开解。我们的社会活跃着一批考古人，考古人回归文明长河，直入到历史层面，去获取我们已然忘却的信息，穿越时空去旅行与采风，将从前的事物与消息带给现代人，也带给未来人。

考古，如同是一列筏子，是漂泊在文明长河上的筏子，石器美玉，彩陶黑陶，甲骨青铜，秦砖汉瓦，酒樽茶盏，丝帛锦绣，满载宝藏。这筏子上撑篙把舵的考古人，还会关注更多的细节，他们由细节驶往真实的形色历史中。与历史学家不同的是，考古人是在不同的维度上重现历史的面貌，这是立体的历史，是全真的历史。

考古人研究一式式陶器、一座座废墟、一群群墓葬、一坑坑垃圾、一组组壁画；考察大长城、大古都、大聚落、大陵墓、大运河、大丝路。考古人探索人类起源、农业起源、文明起源、国家起源、文字起源、技术发展以及文化艺术诸多课题。考古，就是研究实在的历史，复原历史的样相与色彩，寻找我们的文化根脉，重构我们的文化传统，重建我们的文化自信。

人事有代谢，往来成古今。过往与未来，都会令我们迷恋。未知的世界，都会让我们好奇。感受文明跳动的脉搏，探究文明前行的动力，明确我们的坐标，要依仗考古人。考古人带我们赏鉴和感触文明长河的浪花，让我们的心灵与过去和未来世界相通。

"考古与文明"这一个系列读本，是考古人合力扎起的一个个筏子，让我们一起登上这筏子，去展开一次次特别的旅行，到文明长河去徜徉去感悟去漂流吧！

王仁湘

目 录

方寸之间的大千世界／001

中国玺印的庞大谱系／003
名目繁多的玺印称谓／004
考究的印材与别致的印钮／006
林林总总的印章门类／019
多种多样的玺印用途／023
中国印章的价值及与西方印章的比较／026

拨开玺印源头的迷雾／033
悠远神秘的玺印之源／034
众说纷纭的三方商玺／035
确凿可信的西周古印／038

百花齐放的战国古玺／043
揭开古玺的神秘面纱／044
不同的区系与风格／046
古玺家族的天王巨星／050
弥足珍贵的战国封泥与印陶／053

尚未破译的千古之谜／057

瞬间辉煌——秦印／061

瞬间留下的永恒／062

扑朔迷离的秦始皇传国玺／067

横空出世——秦封泥纵横谈／073

万世典则——汉印／081

端庄雍容的两汉官印／083

天下归心——汉颁少数民族官印／097

东瀛倭奴国的镇国之宝／104

玄虚神秘的道教印章／107

丰富多彩的汉代私印／108

冰清玉洁的汉代玉印／114

鸟虫乎？文字乎？——鸟虫篆印漫谈／116

道在瓦甓——汉代的封泥与印陶／119

琳琅满目的世界——汉代肖形印／124

从真率雄肆到粗简荒谬的将军印／126

北周"天元皇太后玺"与古代官印的转型／128

九叠文的盛行和文人印的发轫／133

隋唐公印的遗存与特点／134

九叠文的一统天下——宋代公印／143

别具一格的夏辽金元公印／147

楷书入印的成功典范——花押印／158

文人印的先驱——从米芾到王冕／161

明清官印漫说／166

不法常可——农民起义政权印章／171

腾波而起蔚为大观的明清流派印章／177

隽永清丽的文彭／178

猛利豪宕的何震／180

雄健浑朴的苏宣／182

碎刀出新的朱简／183

雅妍工致的汪关／184

嘎嘎独造的丁敬与西泠八家／185

刚健婀娜的邓石如／192

游刃恢恢的吴让之／195

广纳博收的赵之谦／198

光洁清峻的黄士陵／201

浑穆苍茫的吴昌硕／204

印款与印谱／209

并非多余的印款／210

必不可少的印谱／216

主要参考书目／220

后　记／221

图 1 中国玺印

方寸之间的大千世界

有人与某著名艺术史家谈艺，提出："最能代表中国艺术与文化精神的是书法。"艺术史家微微地摇了摇头。对方反问："那你认为什么可以享此殊荣？"艺术史家沉吟片刻，答道："印章！"

在人类凿开混沌，跨入文明门槛的时候，在最早迎来文明曙光的四大文明起源地（埃及尼罗河流域、巴比伦两河流域、南亚印度河流域、中国黄河流域）先后都出现了印章这种特殊的文化现象。如果说其他三大文明区的玺印随着孕育他们的文化母体的衰落而令人有昙花一现之憾的话，中国玺印（图1）则一如催生它的古老文明，生生不息，常绿常新。

具有四千多年古老历史的中国印章从一开始就与古代等级社会紧紧相连。在漫长的使用与演进中，它如一个万花筒，折射了中国古代社会政治、经济、军事、文化各个方面。元明以来，印章又由其单纯的实用功能分化出篆刻艺术。篆刻家尺水兴波，游刃恢恢，在方寸之间，把含蓄与锋芒、挪让与屈伸、刚与柔、拙与巧、直与曲、方与圆等等，表现得淋漓尽致，灌注了中国人特有的哲理与才思。面对大仅方寸，小不盈握的历代玺印，我们恍如面对一个内涵博大琳琅缤纷的大千世界，一条波光粼粼峰回路转的历史长河。"方寸之间，气象万千"，这正是我国古代玺印与篆刻的魅力所在，它磁石般地吸引着我们去追溯，去探源，去欣赏它绮丽的风采。

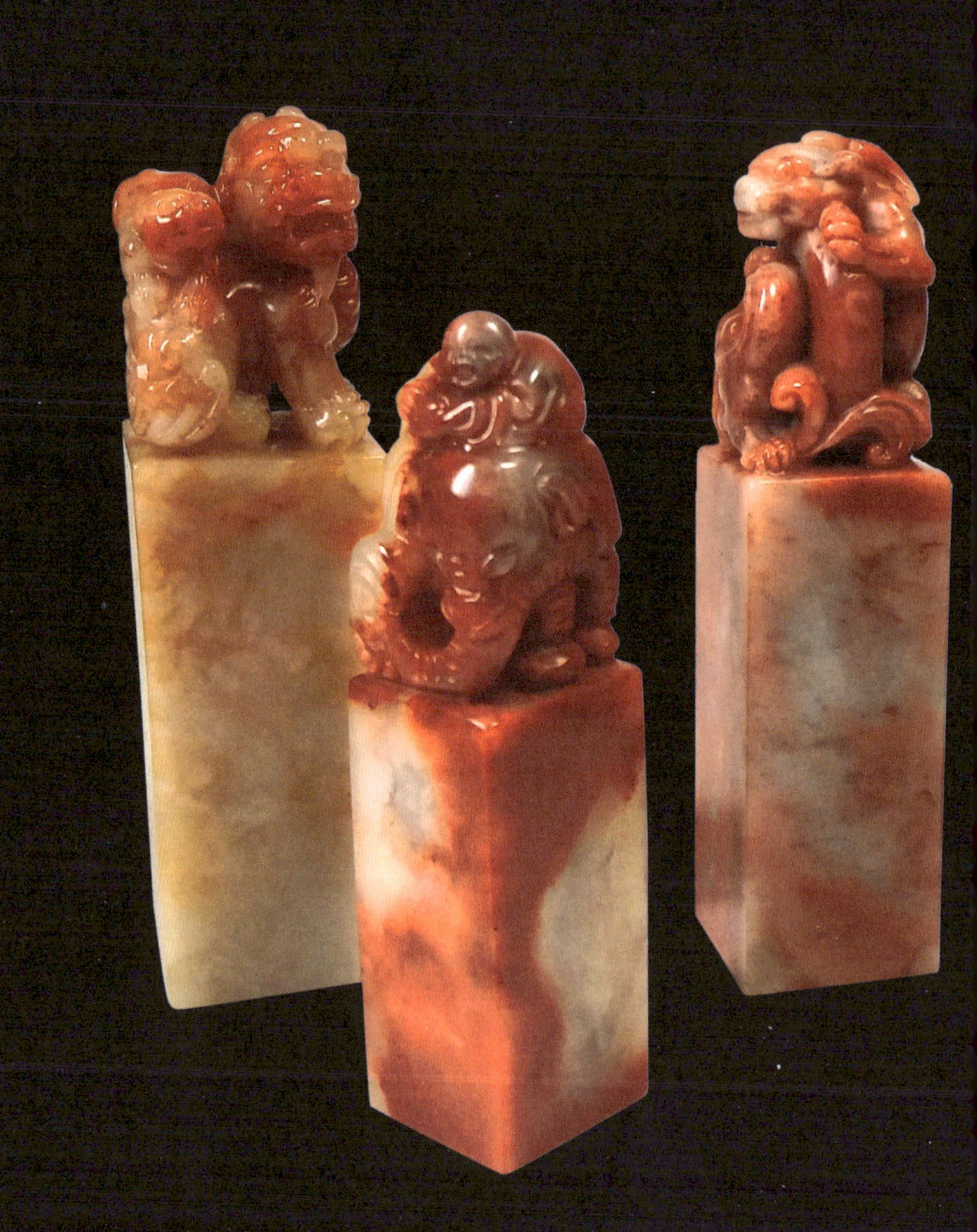

方寸大千　中国古代玺印篆刻

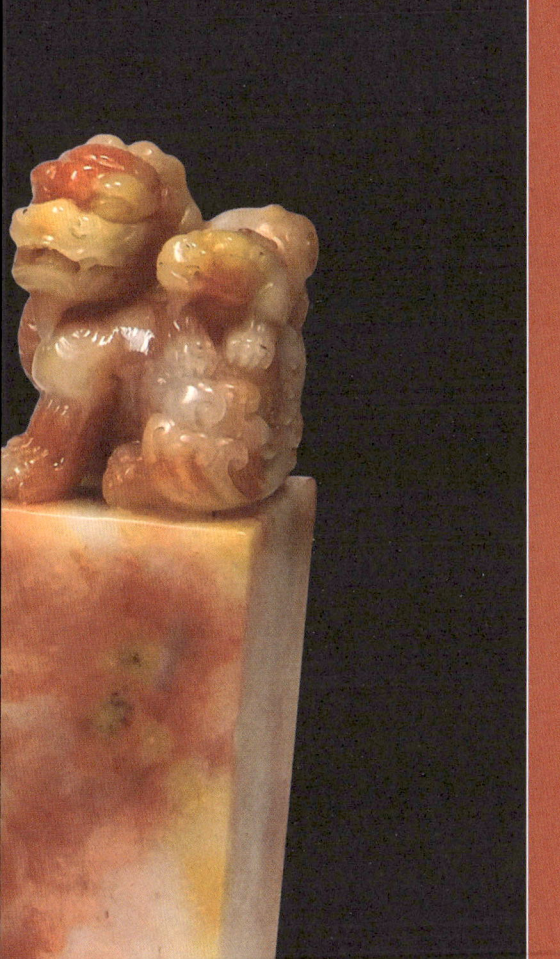

中国玺印的庞大谱系

在几千年的玺印历史中，其名称层出更迭，五花八门；其质材金土皆有，"软硬兼施"；其种类囊括公私，博涉画文。纵横交错的侧面，形成了玺印家族的庞大谱系。

名目繁多的玺印称谓

中国至少从孔老夫子开始便讲究"名正言顺"，了解玺印本身的名称与演变，是我们认识玺印的第一步。

玺：最早见到的商代玺印，学界虽然还有争议，但认为它们是族徽符号者居多，这一时期，专门的印章称谓还未出现。到了印章勃兴的战国时期，文献和实物中出现了最早的印章自名"玺"。它最初写作"👤"，是一个象形会意字。其上部"👤"当为其时鼻钮印章侧视形象的简化图形，下部"ⅠⅠⅠ"象征印面图案或文字（图2、图3）。当时的玺印陶和铜是主要质材，故又出现了"坺"和"鉨"两种写法。最初"玺"字百姓和天子都可以使用，尊卑共之。到了秦始皇时期，在大一统的专制政体下，"玺"成为皇帝印的专用字，其他百官平民只能称"印"。汉代有所放宽，皇后、诸侯王和王太后也可称"玺"，如江苏出土东汉初年的"广陵王玺"。随着玉作为官印中最高级印材而为封建时代权力最上层人物独享这一

图2 战国 私玺   图3 战国 私玺

图4 东汉 朔宁王太后玺

事实的出现，我们今天熟知的从"玉"的"玺"字才登上印史舞台，最早的实例见于东汉初（31～33年）"朔宁王太后玺"（图4）。

印：印字本身最早见于甲骨文，写作"🐾"，象征以手抑按，使人跪下，是动词。它作为印章自名，最早见于秦公印，如"官田臣印""右褐府印""工师之印"等。秦始皇把"玺"字纳为独家享用字后，"印"成为百官及平民印章的通用称法。到汉代，六百石、四百石至二百石以上，皆铜印鼻钮，文曰"印"（《汉旧仪》）。

章：到了西汉中期，官印制度有了较大变化。汉武帝时（公元前104年），因为汉据土德，土在五行中数五，所以印文字数也由4字变为5字，称"章"。如"会稽太守章""虎牙将军章"等。职官名称不足4字者，以"印章""之印章"足之，如"上将军印章""护军之印章"等。从实物考察，汉代"章"的使用也是限于二千石以上的高官，中下级官吏还是用"印"字。汉魏私印中除通用"印""印章"外，还用"印信""信印""私印""私信""之印"等，如"刘奉印信""李生私信"（图5）、"景信私印""孙登之印"等。

宝：玺、印、章作为古代印章的最主要自名，维持了千年统治地位后，到了唐代延载元年（694年），性喜标新立异的武则天厌恶"玺"与"死"音近，改玺称"宝"。从此以后皇帝用印，玺、宝兼用。清帝发诏书敕谕钤用的25方御玺皆自称为"宝"，如"大清受命之宝""天子行宝"等，俗称25宝。

图5 汉代 李生私信

记、朱记：唐宋以降，印章又出现了记、朱记

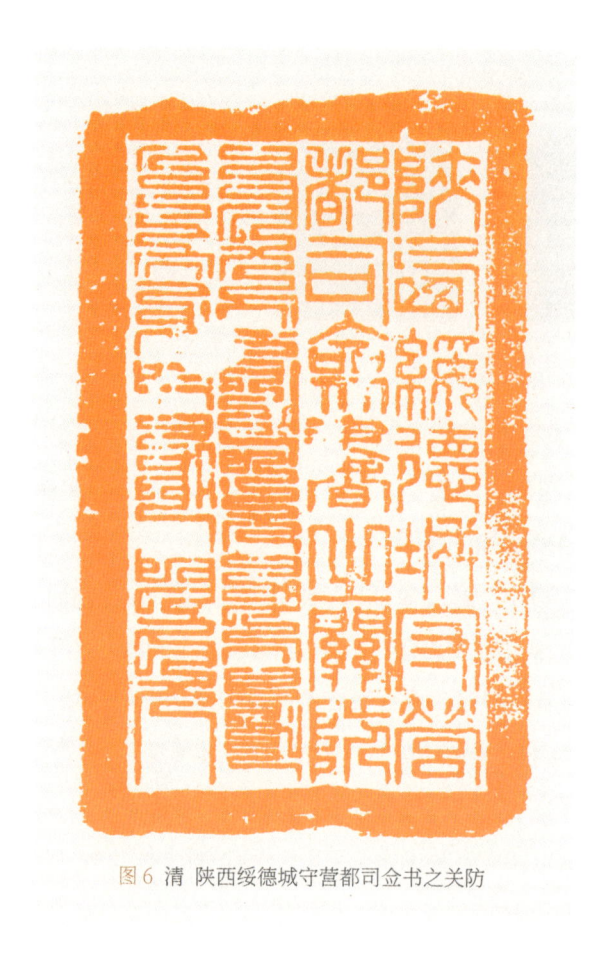

的名称。如五代梁的"元从都押衙记"（见图189）、藏于故宫的五代"右策宁州留后朱记"等。

合同：南宋和金代官府发行的会子（纸币）上，都使用合同印，殆如"一背贯合同"之类。

关防：明代出现长方形称"关防"的官印。到清代正规职官用方形印称"印"，临时派出的官员用长方形印称"关防"，方形公印用朱红色印泥，关防则用紫红色水，故一般又称紫花大印。如清乾隆五十年（1785年）"陕西绥德城守营都司佥书之关防"（图6），按：绥德守营都司为清从四品武官，佥书主管文书，有类今天的秘书。

图6 清 陕西绥德城守营都司佥书之关防

符、契、记、信：明末李自成为避父亲李印的讳，不用印字，改用符、契、记、信等代之，如"辽州之契"（见图247）、"三水县信"（见图245）等。

考究的印材与别致的印钮

从材质上看，以元代为界，印史可大致分为铜印时代和石印时代两大段。这倒不是说元以后的石印时代，铜印已毫无市场。实际上，明清公印依旧以铜质为主（极个别高官有用金、玉、银印），只是随着艺术与实用的分野，印章的艺术性已历史地由文人手中的石印承担起来，而森森官衙的神圣公印在九叠文的桎梏下，一味机械地盘曲叠绕而将印章的艺术性丧失殆尽了。

铜印：产生于青铜文化襁褓中的中国古代玺印，一开始就选择了铜作为它的主要印材，因它易于浇铸契刻，便于使用保存。明清以来，虽然石印迅速占领了私印领域，特别是艺术类印章领域，但铜印在公印系统中的统治地位一直不曾动摇。

陶印：印章发端之初，具重要的职能之一就是抑按在陶器上，或标明所有权，或明示制造者，甚至包括督造者的姓名与隶属部门，以对陶器质量表示负责。它的远祖很可能与新石器时代晚期给陶器壁上拍印纹饰以使陶器坚固美观的陶拍子有某些亲缘关系。如此，从渊源、取材和制作方便三个方面看，泥陶都应是早期印章的主要选材之一，甚至还在铜印使用之先。印章的最早称呼"玺"写作"鈢"或"坏"，前者从金，表示玺印以青铜为质已为古文字学公认，那么，后者从土，是否暗示泥陶与青铜同为早期印章的主要质材呢？可惜泥陶质的玺印易碎，又经不住数千年的风雨侵蚀，我们一直找不到实物证据来证明我们的假说。1988年，湖北长阳香炉石遗址出土两枚陶印（见图60），时代不会晚于西周，这两枚迄今时代最早的印章，证明早期玺印曾以泥陶为质，不过以后以陶为印甚为罕见。唐代随葬印偶用陶刻，或称瓦印。如1981年，陕西榆林马合乡出土一唐代陶印，边长5.5厘米，厚1.4厘米。一面刻"夏州都督府之印"，另一面刻"银州之印"。

玉印：中国是世界上最早制作和使用玉材的国家，更是唯一将玉与人性紧密结合而形成悠远丰富的玉文化的国度。古代的中国，玉器作为一种物质，以其质坚、性温、色美而被广泛应用于祭祀、礼仪、丧葬、装饰等领域。作为一种精神文化，以其"温润面泽""廉而不刿""瑜不掩瑕""气如白虹"，可以以玉比德，而为君子仁人所爱，故早有"君子无故玉不去身"之说。所以，从玺印大兴的战国到流派纷呈的明清，玉材为印家所乐用，尤其为身份尊贵者所青睐。在古代公印系统中，玉印往往是帝后专用印材，百官绝不能染指。历代玉印中以汉代玉印（图7）艺术价值最高，婉畅典雅，向为篆刻家所心摹手追。

金印：金作为一种贵金属，在印章家族中很少使用。如西汉，在公印系统中限于少数贵族和高官，如王、侯、太子、丞相、太尉及个别归顺中央的少数民族的王使用，出土和传世都很少。官印精品如广州西汉初南越王墓出土的"文帝行玺"

图7 汉玉印

图8 新莽 "王精" 金印

图9 新莽 "五威司命领军" 银印

（见图111），陕西略阳出土东汉初"朔宁王太后玺"（见图119）、咸阳出土北周"天元皇太后玺"（见图177）等等。私印如西安出土汉代"王精"金印等（图8）。

银印：始见于战国私印，以后历代都有。和金印一样，银印也非常人可有。如汉代规定只有中二千石、二千石的高官方可用银印。其代表作有西汉"校尉之印"、新莽"五威司命领军"（图9）、东汉"琅邪相印章"等。

玛瑙印：玛瑙质地坚硬，有类玉材，为玉髓的一种，玛瑙印甚为少见，其代表如湖南长沙出土之西汉文景时期的"桓启"、西汉中期"曹嬽"（图10）、"妾嬽"印等。

水晶印：少见，精品如近年西安出土之汉代"陈请士"印（图11）等。

琥珀印：琥珀是地质时代中植物树脂经过石化的产物，产于煤层中，色蜡黄至红褐，一般透明，硬度2～2.5度，略硬于今天篆刻家通用的青田石、寿山石。偶为印材，少见。如广西合浦出土的西汉"庸母印"（图12）、"劳新封印"、陕西咸阳出土的西汉晚期"惠君"等。

煤精印：煤精是一种特殊的煤，系古代桦、松、柏等硬木石化而成，又称"煤玉"，夹杂于一般煤层中。质地细密坚韧，有黑色光泽。煤精印甚少，如新疆民丰城北出土的东汉早期"司禾府印"、陕西旬阳县东门外出土西魏独孤信多面体

图10 西汉 曹嬽　　　　图11 西汉 "陈请士"水晶印　　　　图12 西汉 庸母印

图 13 西魏 独孤信多面体煤精印　　图 14 汉代 桂丞　　图 15 南宋 趯

印（图 13）、江苏苏州瑞光寺塔内发现的宋代"与贞私印"等。

滑石印：滑石在矿物中最软，古代或以为殉葬印材。就汉代而言，多见于湖南一带。今已出土数十方，因石质松软，刊刻率意，与汉铜印相比，别有一番野逸真率之气，如"桂丞"（图 14）、"洮阳长印"等皆可在汉印中别树一帜。

木印：在考古发掘中偶有出土，难以保存。精美者如湖北江陵凤凰山西汉早期墓出土之"张偃、张伯"两面印、朝鲜汉墓出土"乐浪太守橡王光之印"、长沙南宋墓出土之"趯"字印（图 15）等。明十三陵帝、后谥宝皆以木为之。

除上述几种主要印材外，还有以象牙为印者，如陕西绥德东汉墓出土的"王禧、李墅"两面印；还有以骨角为印者，如长沙战国墓出土"敬"字词语印、山西大同金代阎德源墓出土的 4 枚牛角印；还有以松绿石为印者，如天津艺术博物馆藏"马棱私印"；还有以瓷为印者，如湖南省博物馆藏"曹典重印"；还有以铅为印者，如江苏出土六朝"立节校尉"印；还有以铁为印者，如江苏淮安出土"淮陵丞印"等等。但这些印材都极少使用，实例寥寥，不再一一详述。

王冕（1287～1359 年），元代杰出画家。他在诸暨九里山隐居时，见处州（今丽水）产花乳石甚宜刻划，试以自写自刻，甚为惬意。也许他当初并不在意，但就在他的刀下，沿袭近 3000 年的铜印时代结束了。此后，石印迅速占据了印坛，青田、寿山、昌化石成为篆刻家任意驰骋的天地，一场印学革命悄然兴起。

王冕最早使用的花乳石，即今天我们所称的青田石的一种，青田石是石印时代印坛使用最广的印材（图16），六朝已经开始使用。因其生产于今浙江南部丽水地区的青田县，故名。它形成于距今约1亿9000万至7000万年的中生代，在火山强烈活动时由流纹岩和凝灰岩构成，主要矿物成分是S_iO_2、Al_2O_3和H_2O。色泽丰富，以青为主，石质细腻，最宜刊刻。青田石种类繁多，一般按石性、石质、石色和质地等可分为百种之多，其中以"白果冻""封门青""酱油冻"最为驰名，为印中上材。封门青质地细腻，运刀手感极好，是印材贵族中一般人尚可期欲的佳品。

寿山石：因产于福建福州市北郊寿山乡而名。它和青田石一样，也形成于火山活动强烈的中生代，属含水铝硅酸盐矿物。它是三大印石中最早为人们认识并使用的石材。福州几座南朝（420～589年）墓中出土的石刻猪，证明寿山石雕至少有1500年以上的历史。与青田石相比，寿山石硬度稍高，色彩品类更为丰富，传说寿山石是当年女娲补天时身上佩戴的五色石散落人间而成。传统上，寿山石

图16 赵之谦印

图17 寿山田黄螭龙钮方章

图18 青田石印料

可分为田石、水坑、山坑三大类。田石中以田黄最为著名（图17），为印石家族中的无上上品，其莹润可人的石体内有类似萝卜切开后的那种萝卜纹。产量极少，清末民初每挖掘尚可得石一二，其时已有"一两田黄三两金"的说法，今已绝产。近年田黄价格更扶摇直上，令人不敢仰视。高山系黄金源洞，凝结通灵，质色纯正，多出于20世纪40至60年代，因当时田黄已可遇难求，石贾或以充田黄，称为"次田黄"，亦寿山上品。另外，寿山石水坑中的"鱼脑冻"、山坑中的"白芙蓉""高山冻"也都是印石珍品。

与青田（图18）、寿山鼎足而立的当推"昌化石"，它产于浙江昌化县，产量相对较少。从明代晚期，人们便开始把它用于治印，但从刻印的手感上讲绵滞不畅，常常含有砂钉，坚硬而无法受刀。昌化品质相差悬殊，其中最佳者是几乎与寿山田黄齐名的鸡血石。其中以底子不同，又可分为数种，目前流传的鸡血石上品多为肉膏地，红色艳深，结如鸡血滴入石中（图19）。清末民初，大块鸡血石还能偶尔见到，近来越来越少。日本人极爱此石，不惜重金，以致佳者多流国外。

除青田、寿山、昌化三大名石外，印石还有巴林石、楚石、广绿石、丹东石、莱州石、老挝石（图20）等等，但它们或用量甚少，或发现使用甚晚，超出了"古代"的时限，就不再详细介绍了。

印钮是印章的重要组成部分。就公印来讲，印钮及钮穿所系绶（丝带）颜色是区别职官尊卑的重要标志。明清以来，石印流行，印钮如印面篆刻一样，种类繁复，争奇斗艳，不一而足。

图19 昌化鸡血石印料

图20 老挝石印料

图21 战国 鼻钮"黄金之鉨"印

图22 汉代 鼻钮私印

图23 战国 亭钮印

印钮的发展颇具时代特点,大体可分为四期。

第一期 先秦时期

印章的第一个高峰在战国之时,此时正是古代文化最为绚烂、生产力长足发展的时期,印钮也颇为丰富多彩。

1. 鼻钮:在古玺中最多,历史也最悠久,对后代钮制影响也最大(图21)。战国鼻钮(图22)多有一层或数层内收,后代少见这种作风。

2. 覆斗钮:即印台上内收如梯体,像反扣的一只粮斗,因此得名。多见玉印中,秦汉继承其体。

3. 亭钮:有单层和多层之分,颇为精制(图23)。

4. 三合钮:印面为圆形,三等分,三合钮合并起来呈柱状,每合各有一耳,作为穿带之用。这种钮式可能有发兵虎符二合相配方可使用的意味,十分罕见,为战国特有形制(图24)。

5. 二合钮：钮呈半圆柱状，两钮相合面有子母榫头，以便扣合。上有一孔，可为穿带之用（图25）。

6. 柱钮：战国古玺中多有发现，有的柱底有孔以便穿带，有的柱底无孔，柱端突出一短衡系绶（图26）。有的柱钮为圆柱体，有的为棱柱体。

7. 觿钮：古人讲究佩觿以培养美德，觿如弯角形，用以解绳结，颇为别致（图27）。《诗经》中已有"童子佩觿"的说法。

8. 辟邪钮：辟邪是传说中的一种神兽，如狮而有翼，能辟御妖邪。以为印钮，自有纳福祈祥的含意。印钮概括洗练，兽头回望之间，神情毕现（图28）。

9. 带钩钮：带钩是古代服饰的重要饰件，作用类似于今天的皮带扣。古人在带钩底柱的面上有时或铸或凿有图像或文字，成为别致的带钩印（图29）。

另外，战国古玺中还有戒指印、虎头钮、人形钮、蛇钮等，虽然数量极少，但清新自由，精巧而不庸俗，都是战国自由、开放、活泼的社会环境下的艺术结晶。

第二期　秦汉南北朝时期

秦代国祚短暂，秦始皇"书同文"的历史性举措把千姿百态的战国古玺纳入

图25 二合钮印　　图26 柱钮印

图24 三合钮印　　图27 觿钮印　　图28 辟邪钮印　　图29 带钩印

了以小篆为基础的规范时期，但在钮制上并无大的创新，仍以鼻钮为主。短暂的歇息以后，到了汉代，印钮典则期的序幕拉开了。

天下归一、四海安定的汉代，成熟的手工雕刻、精密的失蜡铸造，在天下一统、等级有序的理念指导下，创造出中国古代最可称道的印钮艺术：大气、厚朴、庄重。

《汉旧仪》记载，汉宫印等级是颇森严的，皇帝皇后用玉玺螭虎钮，诸侯王、丞相、大将军用金印龟钮，其余二千石高官用银印龟钮，千石至二百石皆铜印鼻钮。虽然《汉旧仪》的记载与其他汉代文献及出土实物不尽一致，但大体反映了汉代钮制的等级情况。

汉代公私印最主要的钮式有两种：一为龟钮，一为鼻钮。龟钮乃汉人创制，因为"龟"与"贵"谐音，寓意富贵，龟的长龄又可象征长寿，龟的性格特征更有"抱甲负文，随时蛰藏"，可暗寓"功成而退"的为臣之道（图30）。秦汉时期的鼻钮，早期还承战国之制，较为细巧（图31）。后来渐趋宽重，衍生出后期习称的瓦钮和桥钮。

另外秦汉帝后专用螭虎钮、龙钮等，颇为奢华高贵。

汉代私印因不受严格等级限制，还有一些十分别致的钮式，如古泉钮（图32）、盘龙钮、鹿钮（图33）、蛙钮等等。

图30 汉代 西乡侯印　　　　图31 秦 "苣阳少内"鼻钮印

图 32 古泉钮印　　图 33 鹿钮印

图 34 晋代 驼钮印

图 35 东汉 辟邪兽钮套印

魏晋南北朝基本承袭汉代钮制，以龟钮、鼻钮为主，只是风格更趋粗犷雄强，此间较有特色的钮制是中央政权颁给少数民族首领的宫印所用的驼钮（图34）、马钮、羊钮、兽钮以及私印流行的套印兽钮（图35）等。

第三期　隋唐至宋元时期

汉魏鼻钮公印至南朝晚期的梁陈（502～589年）已向方形柄钮发展，如故宫藏"饶安长印"（图36）。这种变化在北方发生较晚，如发现于陕西咸阳的隋"右武卫右十八车骑印"（见图181）和西安博物院藏隋"千牛府印"（图37），印钮还近似汉魏鼻钮。至唐代印钮升高，圆形的穿有所加长，后来圆形的穿移于方形柄钮的底部，有些印钮干脆没有了穿孔，形成后世俗称的"印把子"（图38）。

与单调呆板的"印把子"相比，自由而充满民间色彩的元押钮制颇令人有耳目一新之感。其大致可分为鼻钮、桥钮、坛钮、人物钮和动物钮等。其中以鼻钮为最多，以人物钮和动物钮最为活泼精彩。动物钮有狮钮、马钮、鸟钮（图39）、狗钮、蛙钮、驼钮等，一般高在4厘米左右。人物钮有男有女、有立式、踞式、骑马式（图40）和双人式（图41），高在3～8厘米之间。

第四期　明清时期

明清公印基本沿袭宋元柄钮形式，只是皇家御印或用龙钮等动物钮。这一时期印钮艺术的主要载体已转向石印。寿山、青田、昌化三大名石以色彩斑斓、宜于刊刻，为印钮艺师提供了施展才华的自由天地。

其题材可分为喻意吉祥富贵的动物类（如龟、蝉、蟾、象、狮、蝙蝠、十二生肖等）、神禽异兽类（如螭、龙、凤、麒麟、天马、天禄、獬豸、辟邪等），取材于自然生活的山水景物类和花鸟水果类以及文人雅爱的博古锦纹类等。其雕刻技法有用圆雕，融写意写实、细腻和质朴为一体；有时浮雕，集诗、书、画于一身。印钮艺人在雕刻印钮时还注意根据印石的形状、色彩的不同，因势象形，巧妙传神，

图36 方形柄钮印

图37 隋　千牛府印

图38 唐至清公印钮制演变图示

图 39 元代 鸟钮　　图 40 元代 骑马式钮　　图 41 元代 双人式钮

形成了很多特殊的工艺和流派。如寿山石雕中有一种用极浅的浮雕装饰印体的工艺称为"薄意"，主要施于田黄之类的高级寿山石，其雕刻要求刀法流畅细腻。根据其不同风格又有"东门派"和"西门派"之别。"西门派"以清淡雅致见长，"东门派"以华丽精巧著称。各派中又名师辈出，如西门派中以林清卿（1876～1948年）最负盛名，"因材施艺，巧掩瑕疵"乃其看家本领，时人称赞他的印钮薄意雕刻"花卉之妩媚生动，虽写生家罕能及。山水竹木，亦静穆深厚。难得在利用石之病而反见天然"（见图18）。

正是由于石材在印坛的广泛使用，文人篆刻的兴起，公印钮制的突破，明清石雕艺人的不断追求，为中国古代玺印的钮制开拓了崭新的道路，也为洋洋大观的印钮艺术做了一个完满的总结。

林林总总的印章门类

中国玺印，源远流长，商周之时，业已滥觞。但彼时实物发现太少，对它们的解读、性质的界定，专家之间还有不同意见。至战国之时，古代玺印进入它第一个繁荣时期。此时已有了公印以及私印中的姓名印、画印（肖形印）、词语印等，还有烙印。汉代又有了私家用的烙印、书简印和道家印，以后佛教和基督教又次第兴起，宗教印的种类又有所丰富。唐宋以来又出现了斋馆印、鉴藏印、花押印等。印章已是子孙满堂、人丁兴旺、种类齐全的庞大家族了。

过去与私印相对，往往使用"官印"一词。的确，在战国，大多数公印确系颁发给官吏本人，表示一定的权力与职责，如战国燕颁庚都辅佐官之印名"庚都右司马"。也有个别印系颁给某个机构，这在楚国较多见，如战国楚玺"弋阳邦粟钵"即颁给弋阳封邑下设的量器制造机构。所以我们倾向将颁发给官吏本人标有职官名称的印称为"职官印"（可简称"官印"），颁给某一级机构标有官署名称的称为"官署印"，而又通称他们为"公印"，以与私印相对。

如果说在战国以职官印为主，还有少数官署印的话，从秦汉至南北朝，职官印几乎主宰了公印。而从隋代开始，官署印又兴盛起来，职官印反而又很少见到了。

宗教是自然力量和社会力量在人们意识中的虚幻反映，它有一定的组织机构，更有较为广泛的社会基础。由这些宗教产生的一些印章，如汉代道教印"天帝使者"、明代佛教印"佛法僧宝"等，显然不是私印，但也非政府机关颁发，应与公、私印并列。

烙印是指给牲畜或物品上烙烫以标记的印章。它出现于战国，汉代亦时有见到。从现存实物看，烙印公私皆有。如长沙战国楚墓外椁板上曾发现圆形"沅阳衡"烙迹5处。沅水为湖南境内大江，通过洞庭湖汇入长江，"沅阳"为地名，当在沅水之北，具体地点已不可考。"衡"是古代掌管山林和木材开采的官，此印显为官印。另外，天津大实业家、收藏家周叔弢曾捐给天津艺术博物馆一方铜质"左桁虞木"印（图42），印面直径3.3厘米，印体长6.5厘米，中空若筒，可安木柄，为烙木印珍贵实物。陕西凤县出土一方汉代私家烙木印"樊氏"（图43）。

除以上所列印类外，凡由私人刻制，与个人行为和信用有关的都应归入私印，包括姓名印、表字印、臣妾印、图像印、词语印、斋馆印、鉴藏印、花押印等。

姓名印：在战国作为私印的主体即已十分流行，历史沿袭不衰。

表字印：古人名之外，还有字，"名以正体，字以表德"（《颜氏家训》），故字印又称表字印。这类印在汉代十分流行，如两面印中，一面为姓加名，一面为姓加字，或干脆明确称"字××"，如"孙武"两面印，另一面为"字次青"（图44）。

臣妾印：在君主时代，臣是百姓官吏的统称，亦是男子谦恭的自称。妾是妇女自称的谦辞。这与今天人们对臣妾的理解有所不同，并非只有对皇帝或丈夫才称臣、妾。臣印出现于西汉早期，妾印略晚于此，有汉一代，臣妾印都十分流行。

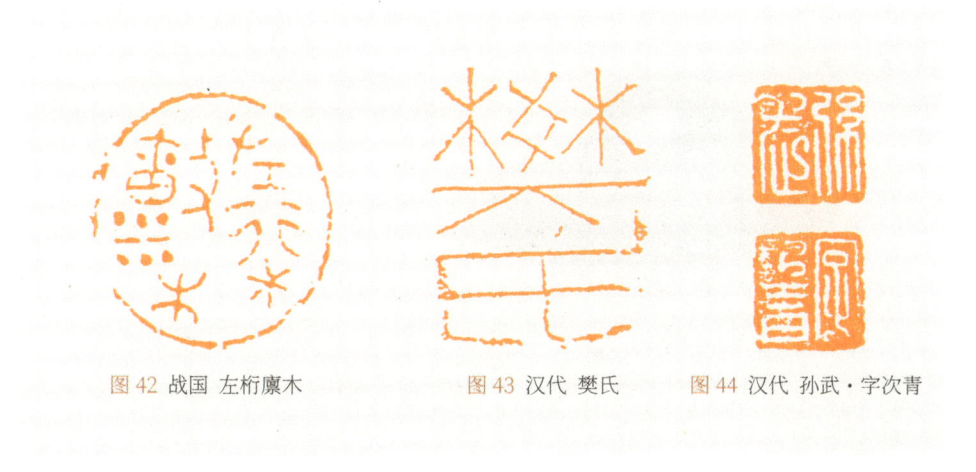

图42 战国 左桁廩木　　　图43 汉代 樊氏　　　图44 汉代 孙武·字次青

多做"臣某"或"妾某"，常见于两面印中。如广州西汉早期墓出土一方两面印，一面为"梁奋"，另一面为"臣奋"。

　　肖形印：是一种非文字的图画印章，又称图像印、画印。它的产生可能与印章产生同步，肖形印与文字印究竟哪一种最早出现，还有待印学家进一步研究，商周制造青铜器的小块模子可能是肖形印的雏形，战国之时肖形印已十分丰富。至汉代，在楚文化浪漫审美情调的滋养下，肖形印进入它的鼎盛时期。魏晋南北朝印章艺术渐趋荒率衰落，肖形印也成强弩之末，几成绝响。隋唐之时，肖形印已销声匿迹了。宋元时代，随着花押印的流行，肖形印报出几分复兴消息。明清以降，随着文人篆刻的兴起，"宗法秦汉"成为印坛振兴的旗帜，肖形印又重现了昔日的风采，肖形印是古代社会生活和思想文化的极好反映。其题材丰富多彩，大致可分为人物类、飞禽类、走兽类、虫鱼类、建筑和其他类等。

　　词语印：用于印章的词语有吉语、成语、警句、俗语等。词语的选择是社会崇尚与个人爱好的直接表现。战国之时是古代社会激烈变革的时期，人们或熙攘往来以逐利，或游说纵横以求功，故当时词语印章中多"宜有千万""敬事""思言敬事"之语。逮秦，社会以忠诚淳朴为尚，词语印中有"中精外诚""忠信"等词。汉人追求长生享乐，"延寿""长乐""日利""出入大吉"等词语印大行其道。宋元以后，印章在经历了相当长的式微期后，文人渐渐发现了印章这个方寸世界的无穷魅力，词语印开始复苏。明清以来，篆刻艺术成为文人雅尚，文人在方寸

图 45 元代 花押印

天地中游刃耕耘，如明代何震的"云中白鹤"、清代黄易的"琴书诗画巢"、赵之谦的"如今是云散雪消花残月阙"等词语印，直接表达出印人内心的陶醉与忧伤、追求和向往，词语印迎来了它大放异彩的时代。

花押印肇始于唐代，大兴于元朝，元押（图 45）是印史上唯一以楷书为主的印类，是私印中的一枝奇葩。

唐代还出现了两个印章新成员：斋馆印和鉴藏印。古人常把自己的书斋起一个独特的名字以寄托自己的理想，这就是斋号。最早的斋馆印是唐代李泌的"端居室"（见图 188）。明清篆刻流派纷呈，文人多以赋诗奏刀为赏心乐事，斋馆印大兴，凡称馆、楼、斋、室、山房、精舍、草堂等等。很多斋馆未必实有其室，多由石上起造。如清代陈鸿寿的"阿曼陀室"印、赵之谦的"二金蝶堂"印等。

鉴藏印最初是以公私印记代用，其起源可能早到东晋的仆射"周𫖮"一印，但实物或印痕最早见于唐代。如唐宫廷收藏的书画有"贞观""开元"等年号印，这可说是最早的鉴藏印朱迹。随着书画、版本、金石拓片收藏热的不断升温，鉴藏印的名目渐渐多起来。如某某人或斋馆藏、考藏、收藏印、过目、眼福、经眼、藏书、平生珍藏、图书记、秘笈等等，不一而足，从皇帝到普通文人都有，其绝大多数属于私人或私家行为，故也划入私印范畴。

以上我们对印章家族的主要成员进行了简单的介绍，下面图示其谱系：

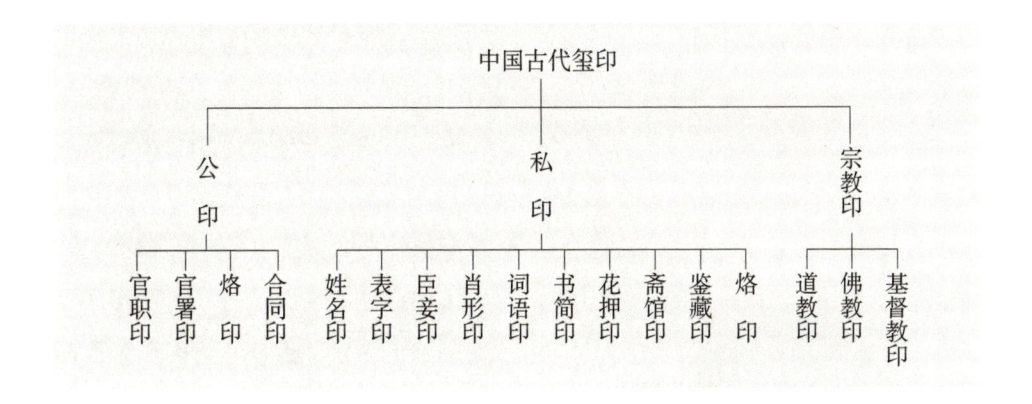

```
                        中国古代玺印
          ┌─────────────────┼─────────────────┐
          公                 私               宗
          印                 印               教
                                              印
   ┌───┬───┬───┐   ┌──┬──┬──┬──┬──┬──┬──┬──┬──┐   ┌──┬──┬──┐
   官  官  烙  合   姓  表  臣  肖  词  书  花  斋  鉴  烙    道  佛  基
   职  署  印  同   名  字  妾  形  语  简  押  馆  藏  印    教  教  督
   印  印      印   印  印  印  印  印  印  印  印  印        印  印  教
                                                                    印
```

多种多样的玺印用途

商周之时，玺印处于萌生之初，实物流传绝少，其功用可能主要用于钤印陶器。至春秋战国时期，生产力的飞速发展，将昔日不可撼摇的宗法制冲击得七零八落。在"礼崩乐坏"的情况下，君臣之间授权、书信往来需要一种信物以为凭证，于是乎公私印普遍使用，最著名者莫过战国苏秦佩六国相印。另外，春秋战国之时，商业较以前有了质的发展，"天下熙熙，皆为利来；天下攘攘，皆为利往"。在各国间热闹非凡的商业交往中，作为凭信，玺印大量出现，故《周礼·地官·掌节》记载："货贿用玺节"。加之这一时期是中国青铜器技术自商周以来第二个高峰，铸造精巧细小青铜器及纹饰的失蜡法已经成熟，这也为玺印的大量铸造提供了极好的技术基础。所以迄今发现的战国古玺（包括一些春秋印）有近6000方之多，大量的玺印及封泥印陶等使用遗痕为春秋以降玺印的使用情况勾勒出清晰的轮廓。下面我们就重点介绍一下春秋至汉玺印的使用情况。

第一，等级与权力的象征。古代不同级别的官吏，其官印的称谓、印材、钮制、印绶等，都有严格规定，这在秦汉时代表现尤为明显。前面介绍印章名称、印材和钮制时已简单谈及，现在我们仅举一例。西汉名臣朱买臣过去颇为落魄，刚受到汉武帝重用时，他官拜会稽郡太守前，先去看了他昔日落难时的朋友。朋友喝得醉眼蒙眬，无意中看到他怀中露出了一小段印绶，顺手一牵，竟是一方"会稽太守章"。众人大惊失色，知其已成为朝廷重臣，赶紧列队于中庭，伏地便拜。

图46 汉代 封完

图47 秦 安台丞印

作为权力与地位代表的公印神力之大可见一斑。

第二，封简文书或其他物品。提到这一用途，很多人会联想到今天常见的在重要信件档案交接中在封口加封封条，再钤朱印以守机密，及封门时在封条上加盖印章的做法，这些皆可视为古代印章封泥的遗风。在隋唐以前纸张尚未广泛用于文书交往时，人们主要依靠的是竹木简牍而非纸帛，当时的书籍也是如此，我们称书是一册、两册，在篆字中"册"字就是两根绳子横系4根竹简的样子，到楷书中两根绳子简化为一横。在简册或木牍上书毕后，以绳系之，并在系扣处以泥掩扣，再钤以印章，此谓封泥。拆掉封泥或剪断系绳，简牍始可读。这样可以有效地起到"以检奸萌"的作用。至如汉魏之时的"封完"（图46）、"肥子伯印，宜身至前，百事不闲，愿君自发，印信封完。""雍元君印，愿君自发，封完言信。""刘次卿印完封请发"之类印章更明显为钤盖简册封泥专用。从长沙马王堆和阜阳汉墓发掘我们得知，西汉之时盛物的陶器或笥箧同样也用穿绳的封泥匣封缄。后代由于纸帛使用渐广，封泥渐渐退出历史舞台。我们还见到一方唐代"褒州都督府之印"封泥，是用来封坛口的。坛内装有贡品，然后用泥封口，上刷白垩，然后钤盖官署印章，再墨书进贡地方，并记录官职、人名、月日等。

封泥（图47）乃古代印章使用之珍贵遗存，历千余年更添"貌古神虚"（吴昌硕语）的天然神韵，百余年来，封泥受到印坛极大关注，已成为印林显学。

第三，钤印器皿，物勒工名。这种做法滥觞于商代，至战国秦代大兴，两汉亦有其余绪，魏晋以后渐少。拿战国齐来说，其印陶发现极多。一个专门抑按陶器的玺印的完整内容包括督造者居处地名、督造者姓名、督造者执事期届、督造者管辖之仓廪名、工匠名、官定量器单位、印名等。如"句华门陈棱再鄩廪𬳶亭釜鬵"（见图 77），当然内容如此完整的钤陶印是不多的。战国陶器用印各国皆有，风格各异，其目的多在于"物勒工名，以考其诚"（《礼记·月令》）。

另外，在铜器、漆器上亦有类似做法。如陈介祺旧藏一齐铜量，量表面即钤有十字界格印章，文曰"右里敀鬵"。长沙出土一漆羽觞底部烙有两印（图 48），为工匠姓名，是印章施于漆器的珍贵实例。

第四，戳印金币。主要流行于战国楚地。其法是在长方形或锭形的金版上打上十几个或几十个戳。印文主要有"郢爰"（图 49）、"陈爰"，还有"专爰""少贞""鄟爰"和"卢金"等。"郢"为楚都，在今湖北江陵。郢爰为楚王室铸行的金币，全国通行。今安徽、江苏发现尤多。其他多系地方发行。郢爰含金量一般都在 90% 以上，先在金版上打上印痕，使用时按需切割。戳印金版的印章实物中国历史博物馆藏有两件，文曰"郢爰"，传出于安徽寿县，即战国晚期楚郢都。1984 年，河南息县霸王台古城遗址又出土一方"郢爰"铜印（图 50），柱状方形，边长 1.1 厘米，通高 3.7 厘米，重 68.2 克，阳文，印柄顶端有多次敲击使用过的痕迹。息县为古息国，公元前 682 年为楚所灭，立为息县，成为楚国北部的重要门户。霸王台古城遗址与文献记载春秋晚期楚丘城地望基本一致，印文亦为春秋晚期至战国早期风格，此印为研究金版制造、印章在早期的使用都有重要意义。

第五，佩带以辟邪祈祥。《抱朴子》记载汉代古人进山，都佩"黄神越章"之印（见图 135），以辟恶魔。这是汉代道家的"精神胜利之法"，印章实物发现很多。汉代还有一些"出入大吉""出入大幸"等吉语印，当时人常佩于身上，以祈平安吉祥。

图 48 工匠姓名两印　　图 49 战国 "郢爰" 金币　　图 50 战国 郢爰

第六，殉葬。古者官吏去官，必上交官印，及其辞世，朝廷念其劳苦功高，或有特赐曾用公印之仿制品以示恩典者，有时家人亦可能仿刻死者生前公印随葬，以慰逝者。故罗福颐先生指出传世秦汉南北朝官印多半为明器，因而难与文献记载之玺印制度尽合，特别是古代玺印中有一种官名加姓名的印章为随葬专用。如天津艺术博物馆藏战国"长坪君旦室钵"、陕西出土汉代"使掌果池水中黄门赵许私印""司徒中士张尚"以及见于旧谱的"故成平侯私印""故辽西行事"等等。另外还有一种殉葬祝辞印如汉代"疢疾除、永康休、万寿宁"玉印等。

第七，烙马、烙木。烙印始见于战国，最为印家称道的莫过于号称古玺之冠的战国烙马印"日庚都萃车马"。另外汉代烙马印还有"灵丘骑马""郏骀""常骑""曲革""夏丘"等。烙木印，战国有"左桁廪木"，汉代有"樊氏"等。

中国印章的价值及与西方印章的比较

在博大精深的华夏文明遗产中，玺印是一个很不起眼的门类，但其深厚的文化内涵，早已引起许多史学家、艺术家的关注。明清以来，金石学大兴，在历代学人的不断探索耕耘下，玺印成为金石学中的一门显学，与古奥青铜、煌煌碑碣并立而毫不逊色。

史学家常说："官制是治史学的一把钥匙"，通过对古代职官名称与设置变化的研究可以透视中国历代政治制度的演化与得失。所以大量古代公印直接记录下的当时古代官爵称号和各级行政军事机构，自然成为历代官制研究的重要资料。如幼承家学的罗福颐先生 1987 年主编《秦汉南北朝官印征存》（图 51），从各地博物馆和历代印谱中集录这一阶段公印 3300 方，以期考见古代名物制度，以补证校刊古代文献的不足与讹误，他还撰有《史印新证举隅》《封泥证史录举隅》以举例示范。再如秦汉史专家陈直先生在他的名著《史记新证》《汉书新证》中广泛引用印章材料，他利用封泥和公印几乎复原了西汉初齐王国的各级官吏设置情况。先秦文献寥若晨星，各国职官多因文献缺漏，无法稽考。黄锡全先生以传世和出

图51 罗福颐主编《秦汉南北朝官印征存》

土的楚国官印为主，写成《古文字中所见楚官府官名辑证》，基本廓清了楚国所设的14个府、16个宫、室机构以及80余个官名，为楚史研究的突破提供了可以凭据的利器。

古代的地理沿革是研究历史的空间坐标与框架。历代史学家对历史地理都十分重视，《尚书·禹贡》《水经注》《山海经》即是古代地理学名著。现代更有史学泰斗顾颉刚组织"禹贡学会"，倡导历史地理研究。历代地方官员印章涉及的古地名成为研究历史地理的绝好材料，可订正文献中一些古地名的写法讹误，如汉代的楗为郡，历代地理志皆从"牛"，而古印及封泥俱从"木"，说明文献中的"犍为"当为"楗为"之误。至于史籍失载而见于古印的古地名也不在少数，对他们地望的研究无疑会加深我们对古代行政地理的认识。

玺印还可透露出大量古代民俗信息。如前举词语印内容的变化反映出的战国至汉代社会崇尚的变迁。古代肖形印及印钮种类的研究也无疑可以揭示古代神话思想、民间习俗的许多内容。

从艺术方面来讲，古代玺印是篆刻艺术的载体，印钮及印体的铸刻又是雕刻艺术的直接体现。历来刻印，对平正雍容的秦汉印推崇备至，心摹手追，奉为不二法门，视如传世之钟王法帖，认为"学书者不宗钟王，非佻则野；学印者不宗秦汉，非俗即诬"（周铭《赖古堂印谱》）。明清篆刻大家几乎都是从秦汉印入手而汲取养分变化气质而成各派宗师的。

毋庸讳言，玺印在具有历史艺术价值的同时，包括印谱在内，还有很高的经济价值。如清张廷济《清仪阁古印偶存》，1828年初辑，1835年和1856年曾重拓过，当时一套售价白银60两，相当于几家农民的全部财产。清陈介祺曾用印花贴于扇面上，每把卖4两银子。更有甚者，他从何昆玉手中买到鸟虫书"婕妤妾蛸"玉印，当时人都把他当作汉代美人赵飞燕的遗物，一纸拓片即售白银10两，相当于一户平民之家一年的开销。民国初年，故宫博物院重拓《金薤留珍》（图52）25册，售价一百大洋。近年集原拓古印成谱已不多见。北京收藏家乐守勋曾手钤家藏古印成《乐氏藏古玺印选》约1函10册。售价5000元。早年流藏日本有邻馆的战国"日庚都萃车马"巨玺，在那里一方原拓售价1万日元，合人民币约700～800元。

至于古印原物更是价格不菲。清末龚自珍用五百两银子和一本宋拓《夏承碑》换得"婕妤妾蛸"玉印（见图159），如此，这方玉印价格在千两白银左右。1995年9月，北京荣宝拍卖公司举办首场中国印章拍卖会，展示宋元押印以及明清以来名家印作250余方及11套印谱，成交率88.6%，总成交价达526万元人民币，其中1方齐白石的"草木未必无情"（4.8×4.8×9厘米）落槌价即达24.2万元人民币。从艺术品拍卖的规模看，当时刚刚启动的中国印章拍卖，价格还处于低水平，以后更有大幅度攀升。

纵览中国古代玺印的庞大谱系，人们不禁要问，世界其他地区是否也有丰富的玺印文化？其大致情况如何呢？

在人类文明发萌较早的埃及、两河流域、印度地区实际很早也孕育了玺印之花，其最早者甚至早于中国3000年已出现了印章。这些宝贵的考古资料19世纪已引起了西方学者的关注。

在古代交通不便、相对阻隔的世界各大文明区中，由于环境的差异和民族特性的不同，玺印文化各自走上了不同的道路。中西印章在缘起、使用、形式、印文（纹）上多所歧异，限于资料我们只作简单介绍。

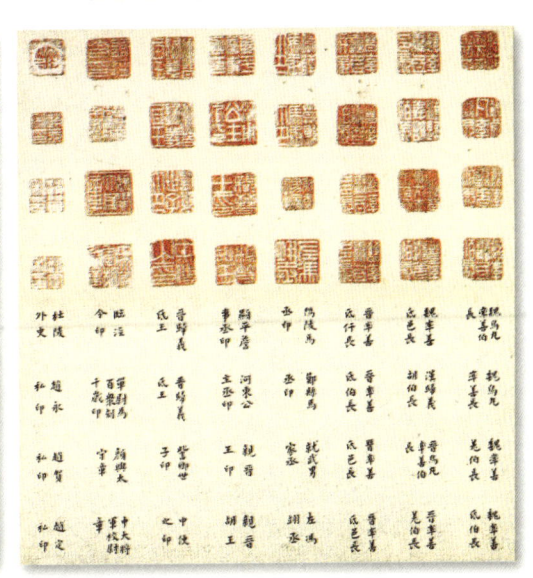

图 52 清乾隆《金薤留珍》储印盒及印谱

第一，印模是中西印章的共同远祖。在中国新石器时代，广泛使用的陶拍子虽然并非真正意义上的印章，但其形态、制作（指拍面刻纹）、使用方法都可能给后世印章的出现做了准备。至商朝，当陶质（或石质）的陶板变为铜质，板面的装饰花纹变成带有特定意义的文字或图案（如族徽或肖形），中国印章便走上了以文字刻凿为主的康庄大道。在西方，远古制作器皿的印模花纹并不代表某一特定的人、家族或地域，后来演化中亦延续了这一传统。

第二，中西印章在形式上有很大差异。中国印章从发源之初，始终采用抑按的使用方法，印面以方形为主，其他类型较少。西方印章形式不一，表现出较大的自由度。其大致可分三类：

1. 滚筒印：中轴式的圆筒型石印，筒身阴刻各类图案，一次能滚印出很大的长而连续的花纹。

2. 押捺印：类似中国印章形式，由于精简方便，逐渐取代了滚筒印。

3. 蜣形印：主要在古埃及流行了很长时间，其形状之演变亦较复杂。印背为蜣螂形状，印面阴刻铭文。印章的长轴有穿孔，这种印章还具有避邪及护身符的功能。

第三，中西印章在用途上有一些差异。我们可从钟雅伦（Rohert A.Jones）所著《先秦古玺与西方印章比较研究》中列的一个表格窥其大略：

玺印及封泥用途	中国玺印	西方印章
国君（王）权威的象征	○	○
代表官授的权力	○	○
朝廷颁发的官位（爵位）徽章（信用证件）	○	○
度量衡的合格证明	○	
证明或证实官员所管理的工作	○	
陶工、漆工等签字之用	○	
证实或使公文具合法性	○	○
关税证明之用	○	○
防止干预	○	○

信物	○	○
个人的证件（身份证明）	○	○
代表主权	○	○
私人方面贸易的工作（以印章代货币之用）		○
使私人合约合法	○	○
代理的合法性	○	○
宗教或护符之用	○	○
陪葬品	○	○
装饰品	○	○
在艺术上，具有较高的价值	○	○
在书法上，具有较高的价值	○	
烙印	○	○

第四，中西印章在印面上存在差异。中国印章印面始终以文字为主。从历史价值上讲，它为研究古代政治、经济、文化、外交等提供了第一手资料。从书体上讲，它多摄取古代篆书而加以印化，几千年风格变化有序，但古文字系统（小篆、缪篆、九叠篆、金文、甲骨文）始终主宰印坛，即使在篆书完全退出实用千载之后的现代社会，古文字在印面上仍顽强保存着。另外，印章类似字模的形态与功能，孕育了中国人对世界文明的伟大贡献——活字印刷术。

西方印章印面以圆形为主，滚筒印可以用来叙述一个小而完整的故事，生动形象，对后世绘画与版画的兴起起了一定作用。押捺印图案一般亦十分具象，与以抽象文字为主的中国玺印大相径庭。虽然西方印文也偶有原始古文和楔形文字，但比例极小。

中国印章虽然始终以采用古文字为主，但历代对它熟悉的大有人在。时至今日，由实用印章而衍生的篆刻艺术仍为广大华人以及日本、韩国朋友所喜爱，而且其实用功能也还为人们利用和注视。而在西方，印章中的图腾、绘画已成为艺术考古专家研究的纯粹学术史料。

方寸大千

中国古代玺印篆刻

拨开玺印源头的迷雾

从已是长川大泽的战国秦汉玺印溯流而上，我们不禁要问中国玺印的神秘之源究在何方？它发端的土壤和历史原因是什么呢？

悠远神秘的玺印之源

玺印之源，神秘遥远，历来说法不一。

或曰始自黄帝尧舜。《春秋运斗枢》说："黄帝时，黄龙负图，中有玺章，文曰'天王符玺'。"又说："舜为天子，黄龙负玺。"《春秋合诚图》则记载：有一次，尧与太尉舜坐在船上。一只凤凰负图授尧，这个图以赤玉为匣，长3尺8寸，厚3寸，黄玉检，白玉绳封两端，其章曰"天赤帝符玺"。考此两书，俱出汉代方士之手。太尉，秦置，为全国最高军事长官。新石器时代晚期的舜怎么会有两千多年后秦汉人的官号呢？汉代方士此举不过编造一些子虚乌有的符瑞图谶，想给统治者罩上"君权神授"的光环，当然不足为信。不管后人对玺印的特质如何规定，它都应出现在强烈的私有观念和印模方法产生并成熟之后。黄帝、尧舜为传说英雄时代的部落首领，在考古学上大致相当于新石器时代龙山文化时期（公元前2500～前2100年）。其时文字1992年已在山东邹平丁公龙山文化城址中发现，11个文字有规律地刻划在一陶盆底部残片上。它早于殷商甲骨文八九百年，字迹潦草，难以识读，毫无印化迹象。另外，黄帝尧舜所处新石器时代晚期，虽有阶级分化的迹象，但氏族血缘作为牢固纽带并未瓦解，仅依此就足以维持远较后世国家为小的氏族团结与政权的威严，尚无以玺印作为凭信工具的社会条件。

其他先秦典籍多以玺印创制于三代。写成于春秋的《逸周书·殷祝篇》记载：商汤打败夏桀时，即拿到"天子之玺"。如此说夏代（公元前2100～前1600年）已有了玺印。《后汉书·祭祀志》记载："至于三王，俗化雕文，诈伪渐兴，始有印玺，以检奸萌。"明确指出进入夏商周阶级社会后，由于"诈伪渐兴"，于是有了玺印。

还有一些重要的先秦典籍记载了春秋玺印使用的情况。《左传》载鲁襄公二十九年，襄公给楚康王送葬后返鲁，行至方城，发生了季孙宿占据卞邑之事。季孙宿派属大夫公冶去问候襄公，接着用玺书追交公冶，命公冶陈报自己占取卞邑的原因。《国语·鲁语》也记载了这件事情。玺书即用玺印钤抑封泥后的简书。襄公二十九年即公元前544年，属春秋中叶。《左传》为与孔子同时的左丘明所作，晋杜预说他作为鲁国专管修史的太史，广见博闻，凡事必广泛而详细地记录下来。可见左氏此则记载是十分可信的，应为玺印应用之最早可靠记录。另外成书于战国的《周礼》也三次提到玺（或玺节）。

今人携考古学兴之利，研究印史不唯文献，而以史物互证为尚。《左传》成书于春秋，《周礼》毕功于战国，他们记载的当时玺印的使用情况当属可信。战国古玺自清季被从秦汉印中甄别出来以后，如今遗世尚有约6000方，其中公玺约300方，在近凡十年的考古发掘中亦有一些出土，如长沙伍家岭第260号墓、四川巴县冬笋坝船棺墓、西安北郊战国秦墓皆有战国小玺出土。近人王献唐先生考证"昏賸""邞疲"两玉印为春秋遗物。在存今数千战国玺印中必有相当一批属春秋时代之物，如何区分战国春秋玺印还是目前印学界尚未解决的难题。总之，春秋战国时期玺印已广泛出现，即使最为审慎的印学家罗福颐、沙孟海亦对此毫不怀疑。

众说纷纭的三方商玺

谈到中国印章起源，我们无法回避所谓三方"商玺"。说到三方商玺，我们又不能不提一下它的最早收藏者，民国古玩业的巨头"黄百万"——黄浚（伯川）。

黄伯川少时曾在大清同文馆学习8年，通晓德、英、法三国语言。宣统二年（1910年），接替其叔叔，开始独立经营北京琉璃厂的尊古斋。他不像一般古董商光卖文物，对文物不求甚解，而是潜心研究，注意汇集文物资料。其传世的《尊古斋古物集林》《衡斋藏印》《衡斋金石识小录》《衡斋吉金识小录》《衡斋藏见古玉图》《尊古斋所见吉金图》《尊古斋陶佛留真》《古玉图录》《邺中片羽》《尊古斋集印》共112卷，表现出他对玺印、商周秦汉铜器、玉器以及古文字学的精深造诣，这

图 53 商代 "亚禽" 玺　　图 54 商代 "𡕰" 玺　　图 55 商代 奇文玺

在旧日琉璃厂乃至全国古玩业中都是无出其右的。他曾与古文字金石学大家罗振玉探讨金文和甲骨文，与金石学家端方、马衡、画家溥心畲等饱学之士过从甚密。正是由于他对文物的精深研究和过人眼力，也使他的财富在古董店林立的琉璃厂无人可比，人称"黄百万"。

1935 年春，黄伯川将其所搜集安阳殷墟出土古物 405 件摄影拓片集成《邺中片羽》，金石学家柯昌泗在其序中叹曰："今观书中甄录者，无不为世之所稀。"详审书中每件铜礼器、残范、白陶片、兵器、玉器、骨器及甲骨文，除第一件蟠螭钟属东周时代外，其他几乎均为晚商遗物。其中赫然珍存商玺三件，一般称"亚禽氏玺"（图 53）、"𡕰玺"（图 54）、"奇文玺"（图 55）。1940 年，著名的甲骨学家于省吾又将三印著录于他的《双剑誃古器物图录》中。首先明确指出此三物为商玺的是甲骨文殷墟考古专家董作宾。他在给曾任教育部部长、北平研究院副院长的李书华（1890～1979 年）先生信中说："此三玺虽传说为安阳出土，得自古董商，然大致可信。"

遗憾的是在其他商墓和以后几百年大批西周春秋墓中均无玺印发现，此三玺暂缺旁证，故有学者对印起殷商之说执审慎甚至否定态度，认为三方商玺只是铜器铭文的母范，不应以玺印视之。其代表罗福颐先生在《印章概述》中指出玺印是春秋战国政治、社会剧烈变革的产物。"西周时期，周天子和各国诸侯是依据氏族血缘为纽带的宗法关系，建立了一套国家统治机构"，所以在任命官吏时"就不需要有一种作为政治联系的凭证信物，也就不会有玺印"。至春秋战国，随着生产力的发展，宗法制度瓦解，君臣之间不再有血缘关系，因此，"国君授予臣下政治或军事权力时，就必须要有一种信物作为这种授予权力的凭证，并表示臣下对国君的政治从属关系，而这种凭证的信物，当时在军事上就出现了用来调遣军队的兵符，在政治上就是玺印。"古文字学家高明先生亦持是说，并认为"如果铜件（指三件商玺）确为真品，可能为某种器物上的附属装饰，恐非玺印。"印学家沙孟海先生认为："于省吾《双剑誃古器物图录》著录的安阳出土的三件铜玺，形象接近铜器图徽，应该是早期作品，但如定为商代作品，还缺乏科学根据。"

我们认为三玺中"禽玺"和""翌玺"应为商玺，奇文印亦为真品，待考。因为，第一，两印出土于殷都安阳，时代风格吻合晚商，明显如"禽玺"与商代青铜器铭文之后常见的族徽中的亚形图案及图形文字极其相似（图56）。第二，其最早收藏者"黄君伯川受廛旧都，意轻牟利，志在笃古，遇有安阳出土古物，无不多方网罗"（柯昌泗《邺中片羽·序》）。其《邺中片羽》中几皆为晚商真品（东周蟠螭钟和奇文印除外），无一伪物，可见黄氏于商代文物极富眼力，不致轻易走眼使伪玺混于商物中。第一个明确指出三玺属商的董作宾先生1928～1934年8次主持或参加殷墟发掘，为殷墟考古元勋泰斗，其说应有相当根据。第三，在商朝，商王把其统治地区分成畿内和畿外两大部分。畿内是商王室直接统治的部分，畿外是众多方国分布地区。边远地区还分布着许多臣服商王的少数民族部落。要运作这样一个并非纯以血缘为纽带，而且疆域分布空前庞大的奴隶制国家，其以简册为载体的政令的发放传递及贵族间书信的来往是必不可少的。《尚书·多士》明确指出："惟殷先人有典有册。"可以推测商代已使用简牍，玺印产生的社会土壤已经成熟。王国维《简牍检署考》一文指出"玺印之创在简牍之世"。这两枚商玺当亦为封检简牍抑盖封泥之用，其在商代公文书信交往中已被用作个人或本族身份地位的表征，具备了"凭信"的功能，应被视为玺印。如两玺中的亚形玺有的学者考证中央主文为"禽"，以亚字形为边框，正是采用殷商神龛的框廓形状象征宗庙，标志宗族，此印为

图56 商代 族徽

禽氏家族之主的用印。第四，有学者以为三玺非印而为其他器物附件。三枚铜印在方形印台上有便于捉拿的小鼻钮，与后世习见印钮无异，形态独立，可单独使用，并无附件常有的榫卯等构造，此说难以服人。

另外，1980年中州牛济普先生于安阳殷墟展中发现一白陶残盖。其上有方形印章戳印之痕，"呈正方形的印陶少三分之一左右，从仅存的字形上看，似为'从'字，与传世的商代'鸡形父丁盉'上亚形族徽上的'从'字一样。"此印陶为考古学家发掘安阳大司空村南地一座商墓所得。地点明确，为商玺不伪的有力旁证，也是玺印施于陶器之滥觞。如果说以"母范说"来否认商玺的印章特质难以服人的话，商代玺印间或钤于铸造青铜礼器内铭文之末，以为宗族个人之标志是完全可能的。反过来我们说，商代彝器铭文末颇类印文的族徽标志的经常使用，很可能给印章的产生以极大启发。

确凿可信的西周古印

对商代玺印的认识之所以现在各执一词，莫衷一是，主要是它们并非考古出土。过去印学家对西周有无玺印，限于资料也多避而不谈。

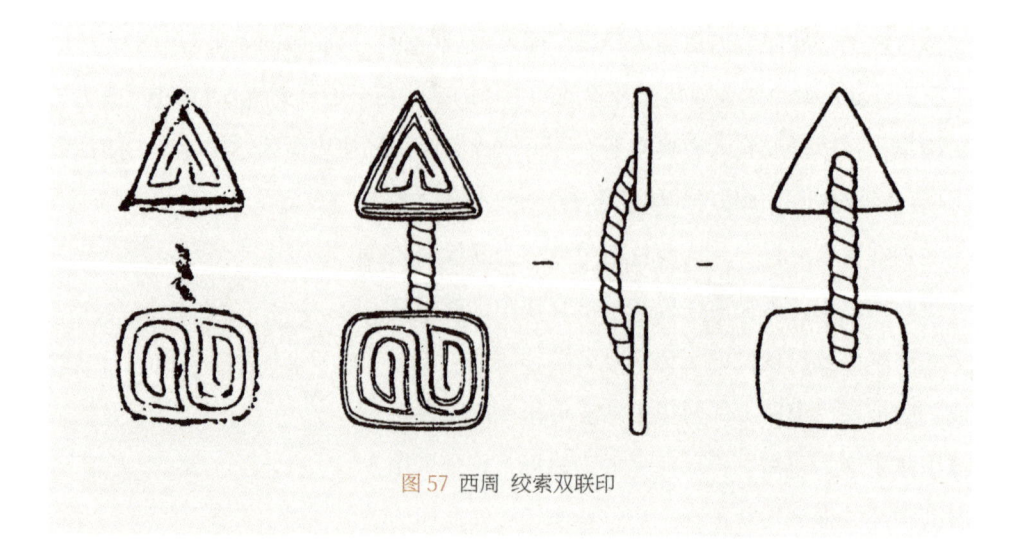

图57 西周 绞索双联印

图58 西周 图像印　　图59 西周 凤鸟纹印

20世纪80年代以来，陕西、湖北陆续出土西周铜、陶玺印4枚，为早期印史提供了确凿资料。

1980年，陕西扶风黄堆乡云塘村西周中晚期灰坑出土一绞索双联印（图57），上部为三角形，下部为圆角长方形，长2.7厘米，宽2.1厘米。全印通长6厘米，高0.9厘米，印体厚0.3厘米。20世纪80年代初，周原博物馆罗西章馆长在扶风法门乡白村一西周中期灰坑中发现一西周图像印（图58），也是圆角长方形，长3.1厘米，高3.1厘米，印面厚0.3厘米，通高1厘米。两印发现地为西周政治文化中心，考古界通称周原遗址。玺印上的云纹、凤鸟纹为西周常见纹样，可能含有某些图腾或家族标志的意味。法门乡齐家村27号墓出土的西周陶罐肩部和庄白1号窖藏出土的疾壶、疾钟上的凤鸟纹与庄白凤鸟纹周印风格图案颇为相似。这至少可以给我们两点启示：第一，早期玺印的用途之一，可能是在陶器上抑按代表一定含义的标志。第二，早期玺印与给铜器母范上抑按花纹的印模有一定关系。另外黄伯川《尊古斋集印》著录的现藏于故宫博物院的龙纹玺印、凤鸟纹印（图59），过去印学家归于春秋古玺，周原两印一出，可证此二印为西周之物无疑。

1988年，在配合湖北清江隔河岩大型水利枢纽的建设中，考古学家对位于宜昌市长阳县的香炉石遗址进行了抢救性发掘。遗址堆积很厚，年代横跨夏、商、

图 60 西周 陶印

周三代，其中第四层为西周文化堆积，一般厚约 1 米。就是在这一层，发现陶印两枚（图 60）。印章之一为灰黄色，径 2.1 厘米，残高 4.5 厘米。另一个为灰色，残高 5 厘米。对于这一重要发现，专家尚未取得一致意见。武汉大学中文系夏渌先生认为两印一为"蔡"、一为"鲛"。前者与有些甲骨文相近，后者与有巨口利齿的水生动物有关。其年代应比西周时期早，比殷墟出土的商玺还要早，可能是夏朝之物。中国社会科学院考古研究所陈公柔先生认为两印出于早期巴文化遗址的西周地层中，应是巴人早期的印章，也可能比西周还要早一些。从印文型制看，跟我们已知的巴蜀文化的印章应有渊源关系。著名古文字、考古学家张政烺先生也认为两印章应为巴人早期遗物，与汉字无关。其年代应以考古地层所判断的西周时期为宜。

长阳陶玺的发现至少也说明了两个问题。第一，印章起源之始，很可能最早是使用陶印，然后才出现了铜印。早期印章最重要功能之一是在陶器上钤印印迹，一则陶工未必人人能备铜印，二则泥陶最易于取材和制作，所以泥陶很可能是首选材料。对此玺印专家王献堂在他的《五灯精舍印话》中早有论及。从现存战国印陶来看，迟至战国，钤盖陶器的印章与当时流行的铜印在尺寸样式上还有一定距离，推测在这一方面，所用仍以陶印为多，铜印只是极少数。第二，《三代秦汉六朝古陶》一书中著录有三件钤于古乐器陶埙上的陶文拓片，分别是"令作召埙""令司乐作太宰埙""囼作召埙"古文字学家从文字的书写风格和"召""埙"等写法上，定为西周陶文。从拓片看，其显系印章钤出非刻划记号。长阳出土陶玺，证明了这些灼见。

从种种资料来看，西周使用玺印已是确凿无疑的了。

方寸大千　中国古代玺印篆刻

百花齐放的战国古玺

春秋战国时期，诸侯各霸一方，生产力飞速发展，经济文化空前繁荣。玺印经过商周近千年的漫长孕育，终于腾波而起，形成印史上的第一个高峰。因为"玺"字是战国印章最主要的自名，其他名称绝少，"古玺"成了后世人们称战国印章的专用名词。大浪淘沙，岁月无情，经过唐宋玺印艺术的长期衰落，元明以降，印学再度复兴时，战国印章几乎无人识得，印学家对古玺的认识又经过了一个曲折而漫长的历程。

揭开古玺的神秘面纱

早在金石学大兴的宋代，人们已开始了对古代印章的收集与著录。如王俅的《啸堂集古录》、薛尚功的《历代钟鼎彝器款识法帖》等都有古玺收录，但他们还没意识到古玺的存在，而将其与一般印章混为一谈。

降至元明，古玺仍蒙着神秘的面纱，即使一些印坛大家对此也不甚了了。写出印学开山名著《三十五举》的元代吾丘衍（1272～1311年），高举回归高浑汉印风格的大旗，但他认定秦汉以上未有印章之制。开集古印谱先河的明代顾从德把9字汉人殉葬印误认为秦小玺，而列在他的《集古印谱》之首，以为最古印章。

明代，已有人开始注意到先秦有印的存在。如万历年间甘旸曾说："或谓三代无印，非也。"但是真正能不导前人窠臼而远眺庐山真容者，唯朱简（修能）一人而已。他指出："所见出土铜印，璞极小而文极圆劲者，有识有不识者，先秦以上印也；璞稍大而文方简者，汉晋印也。"可谓石破天惊之语。但绝大多数明末清初的印家还是无法甄别古玺，或列为"未识印"编入附录，或干脆略去不收。

清乾隆五十二年（1787年），程瑶田在写《看篆楼印谱》序言时，第一次释出古玺印文中的"私玺"2字，但还不能确指为战国之物。道光八年（1828年），徐同柏为张廷济编《清仪阁古印偶存》，首次举"古文印"目，虽也未能明示其时代，但已从秦汉印中将古玺离析出来。同治元年（1862年）吴式芬在其《双虞壶斋印存》中正式分列"古玺官印""古朱文印"，并置于秦汉印之前。11年后，陈介祺在编定《十钟山房印举》时也首列"古玺"一类。光绪七年（1881年），著名学者王懿荣、藩祖荫在为高庆龄所编《齐鲁古印捃》作序时，明确指出古印中的司徒、司马、司工等为周官，有这些官名的古印皆出周秦之际；先秦之时印称鈢，即玺，并举《左传》"玺书，追而与之"相证。至此，从宋代人们开始收集古印，经过700多年的不断探索，古玺的神秘面纱终于揭开了。

由于古玺在研究先秦职官地理等方面的重要作用，晚清民国以来，很多著名的古文字学家、历史学家对古玺进行了研究。光绪九年（1883年），吴大澂在《说文古籀补》中辑入古玺文字570多字。1925年国学大师王国维指出古玺是研究战国六国文字的最重要材料之一，"实与甲骨、彝器同"。过去古玺散见各处，很多涉及古玺的印谱流传甚少，一般学者很难见到，因而也难以利用。1981年，绍承家学、笃好玺印的罗福颐先生编成《古玺汇编》，凡录古玺5708方，洋洋大观，为学者对古玺的广泛研究提供了广博的资料。

古玺一般包括公玺、姓名玺（亦称私玺）和"忠信""正行无私"之类的词语印以及图像玺等。其钮制有鼻钮、坛钮、覆斗钮、亭钮、柱钮、二合钮、三合钮和觿钮等等。不拘一格的钮制在使用中不断试验，为实用、庄重、简洁、具有典范意义的秦汉钮制奠定了基础。古玺大小不一，形状各异。除常见的正方形、圆形、长方形外，还有凸字形、凹字形、曲尺形、菱形、心形、盾形、以及由两个、三个，或四个，或方、或圆、或三角形组成

图61 战国 古玺

图62 春秋 曹逸饶府　　图63 战国 春安君

的连珠印章（图61）。古玺无论在钮制、印面形状、文字风格上都洋溢着一个"百家争鸣"时代充满自由和创造性的独特魅力。

我们今天看到的古玺，其绝大多数为战国印章，但其中也肯定有春秋和汉代的玺印。如"曹逸饶府"古玺（图62），从文字的写法看，应为春秋之物，此印乃曹国逸县主管借贷官衙所用。相似者还有"曹逸县""曹逸津"，这个曹国可能在今山东定陶县西北。再如1971年，山西榆次一座秦汉墓出土一覆斗形"安国君"石印，与上海博物馆藏"春安君"古玺（图63）别无二致。1970年，山东曲阜九龙山发掘西汉鲁王庆忌墓（公元前51年），发现鲁王庆忌自用的两枚印"王庆忌"和"出内（入）大吉"印，全为常见古玺法式。如非墓葬出土，我们几乎无法把它们与战国古玺分开。如何在现存古玺中将春秋、战国、秦至西汉初三个时期的区别开，是摆在印学家面前的一大难题。

不同的区系与风格

战国之时，七雄并立。为了强国富民，以便自己在兼并战争中立于不败之地，各国对胸怀韬略的知识分子"士"都注意延揽，待若上宾。士也奔走于各路诸侯之间，纵横舌辩，合则留，不合则去，推销自己的治国主张，以期实现兼并天下的宏愿，其中最著名者莫过于苏秦。

苏秦早年师事著名纵横家鬼谷子，后出游数年，不得重用，大困而归。兄弟嫂妹妻妾甚至父母都不理解他，讥讽他，不给他做饭做衣服。苏秦自尊心受到极大伤害，闭门不出，发奋读书思考。一年以后，他又满怀信心地再次开始了出行游说。他先去了周都洛阳和秦国，没人重视他。他不气馁，历尽千辛万苦，先后又去了燕国、赵国、韩国、魏国、齐国、楚国。纵论天下大事，分析各国形势，主张六国联合，合纵以对抗强秦。六国的国王折服于苏秦的滔滔宏论、精辟分析，终于决定联合起来。各国争相礼聘苏秦为相，踌躇满志的苏秦，身佩六国相印，有效地组织指挥六国军队，不可一世的秦国终于15年不敢东窥函谷关。当他衣锦还乡之时，许多诸侯都派人护送，昔日轻视他的周王也小心地派大臣在郊外迎接犒劳他，至于当年连饭都不给他做的亲人更是俯伏于地，不敢仰视。苏秦慨叹："富贵则亲戚畏惧之，贫贱则轻易之。"世态炎凉，原来如此，于是散千金以赐宗族朋友。

逝者如斯，两千多年前苏秦佩带的六国相印也许我们永远无法看到了，但从传世的5000多方战国古玺中我们也许可以想见它们的风采。那么战国之时，各国的玺印都有哪些特点和区别呢？

楚系古玺

楚国是战国之时，南方强大的国家，它吞五湖而含三江，其中心在今湖北、湖南、安徽、河南一带。先后都郢（今湖北江陵）、陈（今河南淮阳）、巨阳（今安徽太和）、寿春（今安徽寿县）。强盛的国力，浪漫的民风，孕育了发达的楚文化。其玺印也如其漆器、帛书、铜器等物质文化一样，古奥、雍容、多样、奇伟。

楚玺，特别是公玺，以阴文为主，大小不一。印面形式上多施边栏。如"南门出钵"（图64），不少印有田格，如"大莫嚣钵"（图65），少数方印还用囗格，如"大府"。文字构成上，"金"字旁多作"釒""釒""釒"，不见于他国，而与楚国铜器、竹简文字一致。"大"作"夶"，"府"作"賡"，"陈"作"陣"，也为特有写法。一些官府官吏名称也具楚地特色，如称某府（如"大府""行府"等）、某客（如"粟客""戒客"等）。至如"莫嚣""连

图64 楚 南门出钵　　图65 楚 大莫嚣钵

尹"，更是别国未闻。

楚玺的艺术价值极高，总的说来是舒放恣肆，逸气纵横，注意开合挪让，所谓"和而不同，违而不反"，散发着楚文化可贵的自由浪漫的气息。

齐系古玺

齐国是东方大国，控有今山东、河北东南、河南东部以及江苏北部一带，所谓齐系还包括其附近的鲁、任、薛、滕等国。

齐系古玺印面形式上除也常用边栏外，印的上方或有一突，如"徒昷之钵"（图66），或上下各有一突，如"齐立邦玺"。其文字也有一些特殊写法，如"马"作"禿"，"陈"作"墬"。印文或作"子某子"，如"子杢子鎜"（图67）。"鎜"是除"玺"外齐玺的另外一种自名，可释为"节"，为齐系古玺仅见。

燕系古玺

燕是战国之时偏安于北方的比较弱小的国家。其国都蓟在今北京附近。

燕公玺主要有两种：一种为方形阴文玺，一般边长为2.1～2.4厘米。印文一般为"某都某"，如"庚都丞"（图68）、"庚都右司马"。另一种为长条柄钮朱文玺，此为燕玺仅有，他国不见。印章多自名为"鍴"，读为"瑞"，如"外司炉鍴"（图69）。《周礼·春官·典瑞》郑玄注有："瑞，节信也。"可见此

图66 齐 徒昷之钵　　　　图67 齐 子杢子鎜

类长条玺可能就是《周礼》所说的"玺节"。另外燕玺文字还有一些特殊写法，如燕玺中的丞、都、马的写法就颇具燕地特点。

从艺术角度上看，燕玺同一类玺印形式往往相近，缺少变化，篆文亦失于拘谨呆板。也许是老天出于平衡的需要，燕国的烙马印"日庚都萃车马"却如天马独行，素为印家称赏。

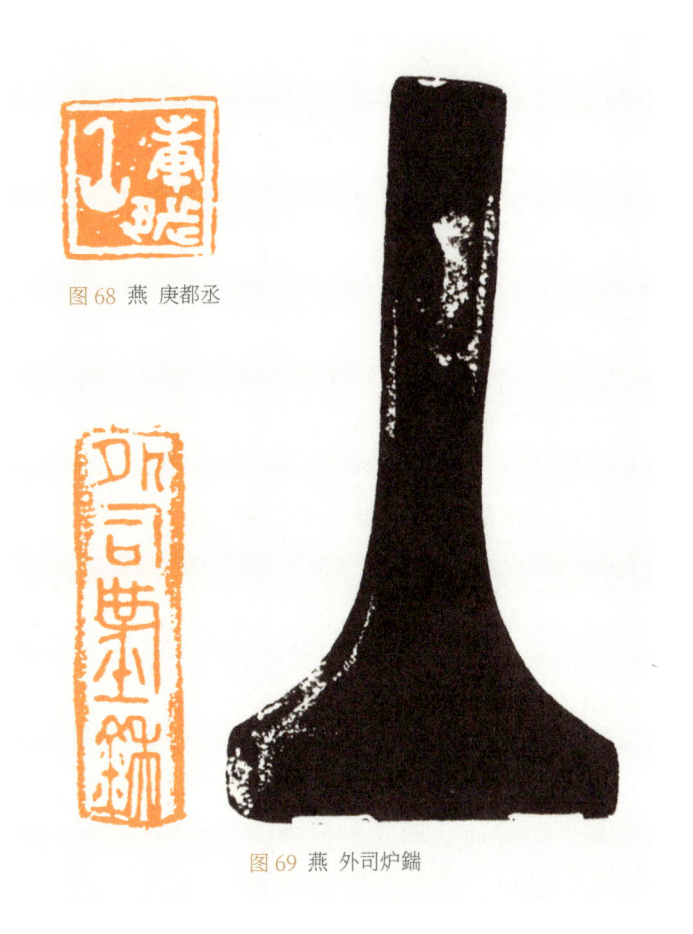

图 68 燕 庚都丞

图 69 燕 外司炉鐳

晋系古玺

春秋晚期，礼崩乐坏。晋国六卿中韩、赵、魏三家竭力改革，发展生产，赢得了民心，终于瓜分了晋国。公元前403年，周王室承认三家各自独立的诸侯国，史称"三家分晋"。但是由于固有的亲缘关系，三国古玺风格颇为一致，个别玺印可据地名以分别。

晋系古玺出土山西、河南、河北、陕西北部的部分地区。公私玺多以朱文为主，边长一般在1.5厘米左右，这与其他各国公玺比一般较大，而且风格与私玺差别也较大，颇不一样。其文字写法也有一些特色，如"乐阴司寇"（图70）的"寇"字写作"宼""乐成府"（图71）的"府"字写成"坓"等。

晋玺印风工丽巧致，十分精美，与楚玺的恣肆、齐玺的粗犷、燕玺的拘谨、秦玺的整饬颇不相同，为古玺中上乘之作。

图70 晋 乐阴司寇　　图71 晋 乐成府　　图72 秦 冷贤　　图73 秦 冷贤　　图74 秦 敬事

秦系古玺

以陕西关中为中心的秦国，地处西方，战国之时是东方六国合力对抗的敌人。它崛起于西周故地，文字亦上承西周金文，规范整饬，结体方正，方笔多，圆笔少。战国秦玺与六国古玺迥然不同。但秦立国于春秋之初，其在战国（公元前475～前221年）的历史也有250多年，而其建立秦朝不过15年。秦朝的印风完全是战国秦印风的延续，区分战国秦玺与秦代秦印十分困难，必要性也不大。有鉴于此，考虑到秦印对后世官印的重要影响，我们在下一章中专门介绍。

不过个别秦印我们还是可能确指其为战国秦玺的。如1975年，湖北江陵凤凰山70号秦墓出土两方玉质"冷贤"私印，其中一方用正体（图72），一方用俗体（图73），正是小篆与隶书的先声。有人认为此墓在秦昭襄王时期（公元前307～前251年），有人认为可能还会略晚一点，但都认定为战国秦墓，故二玺为战国秦玺无疑。1996年底，西安北郊战国秦墓出土一方"敬事"词语印（图74），宽边细朱文，与晋玺朱文小玺颇类。看来我们对秦玺的认识还有待修正深化。

古玺家族的天王巨星

"马者，甲兵之本，国之大用。"当年横刀立马的东汉名将、相马专家、伏波将军马援的铿锵之语，一直萦绕在历代封建统治者耳边。马政的兴废往往成为封建国家强盛与没落的晴雨表。为了加强养马业的管理，有效地区分马的良驽、生年、所有权、所属监苑牧场，同时也为了便于统计和繁育良种，烙马印便应运而生。烙马印当属公印范畴，但从存世有数的几方战国和汉代烙马印看，其与当时通用的官印区别很大，极富特色。第一，由于用途特殊，其印面甚大，如印家艳称的战国烙马印"日庚都萃车马"（图75），边长达7厘米。第二，战国一般公印钮式有鼻钮、坛钮等等。而烙马印却钮部中空，上有方孔，可安插木柄，以便在火上烤红后，烙烫在马屁股上。战国的烙木印钮制也是如此，如天津艺术博物馆藏齐"左桁廪木"。第三，公印内容为职官名或官署名，而烙马印则为字号，并且每一字号均有明确的意义。第四，汉魏官印施于封泥故用阴文，而烙马印皆用阳文，其目的不外追求清晰效果，殊途同归。

最早提及烙马一事是在《庄子》中。《魏书·高祖纪》："五月丁巳，诏军警给玺印、传符，次给马印。"则第一次明确记载了烙马印。由于存世极少，型制罕见，晚至1930年罗振玉《贞松堂集古遗文》发表汉代烙马印"灵丘骑马"，这一特殊印类才得正名。故吾友肖高洪学长更著《烙马印及其作用与马政建设的关系》一文，上迄战国，下至明清，从文献到实物，从制度到施用，全方位论述烙马印，为烙马印研究的扛鼎之作。

"日庚都萃车马"印，1892年河北易县出土，后为著名学者王懿荣以150两银子购得（一说1896年王懿荣以白银600两购于易州裴某处）。可惜后流入东瀛，现藏日本有邻馆。一方印蜕售价已高达1万日元（约合700元人民币）。此印边长7厘米，尺寸之大，布局之奇，独步战国，无论汉魏，堪称古玺家族的天王巨星，也是现存最早之烙马印。"日庚都"为燕都邑名；"萃车"即副车。马身烙此印，表示此为日庚都官署副车所用之马。

该印文字雄肆舒意，布局大胆新奇。印文安排一任自然，各尽其态，长者任其长（如"庚"字），阔者任其阔（如"都"字），倚者任其倚（如"萃"字），绝无削足适履之敝。"日庚"二字如美女倩影，回眸左顾。粗犷雄强的"萃车"向右倾侧，暗露真情。"都""马"二字几相连接，如故友重逢，相谈甚欢。中部大胆留白，旷达空灵，气韵何其畅也。为印者常言"密不容针，疏可走马"，意在强调分朱布白的强烈对比，但真正做到这一点却十分困难。而此印安排对比如此强烈却毫无雕琢经营之痕，大小不一的文字，诸多难以协调的因素被如此浑然地冶于一炉，颇有几分"治大国若烹小鲜"的从容与潇洒，无怪它被视为中国玺印的经典之作。

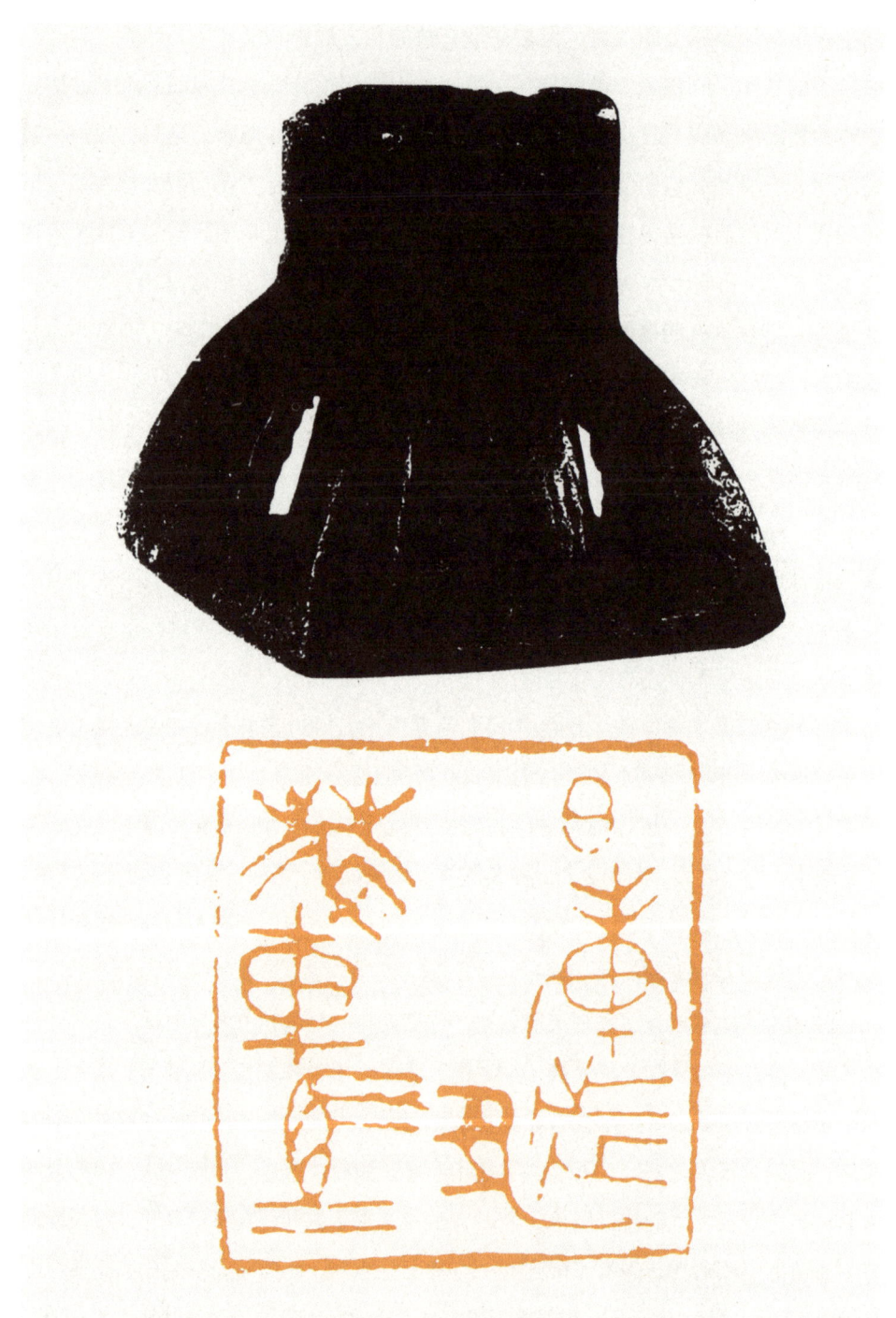

图75 战国 "日庚都萃车马"烙马印

弥足珍贵的战国封泥与印陶

封泥是古代用印抑泥，来封缄简牍物品等的遗迹，是隋唐以前印章最主要用途的产物，隋代以后才通行如今日将印章沾红印色（印泥）钤于纸张上作法。所以以印章的使用方法分，印史又可划做封泥时代、钤朱时代两大阶段，印章受体从封泥转向纸张是这一转换的原发动因。

封泥的使用见于先秦文献如《周礼》《左传》中所谓"玺之""玺书"等几处记载。《吕氏春秋》曾有："民之于上也，若玺之于涂，抑之以方则方，抑之以圆则圆。"这是以用印比喻君臣关系，却形象地说明了用方印抑于泥上则留下方形封泥，用圆印抑于泥上则见圆形封泥，这是印章使用及形成封泥的具体描写。

古封泥发现一向以山东、四川、陕西为多。它发现的时间并不早。清道光二年（1822年）四川农民挖山药时，发现一窖封泥，共100余枚，其中若干为著名思想家龚自珍所得。吴荣光亦得6枚，20年后，摹入他的《筠清馆金石》中，这是对封泥的最早著录。但当时人们并不明其用，误以为"汉世印范子"。后刘喜海首先为之正名为封泥，并于咸丰二年（1852年）在《长安获古编》稿本中摹入西安所得汉封泥30枚。最早以收藏封泥闻名者，当推陈介祺、吴式芬。陈氏光绪元年（1875年）二月十四日致友人潘祖荫信时，已有封泥400余枚。越四年，又增至500余。对封泥使用的系统透彻研究始于国学大师王国维的《简牍检署考》。1913年，他又帮助罗振玉辑成《齐鲁封泥集存》，并作序曰："封泥与古玺印相表里，而官印之种类则较古玺印为尤多，其足以考证古代官制地理者，为用至大。"对封泥的性质、功用、价值作了很好的概括。从此，对封泥的编订及考证进入了一个崭新的阶段。

依古制，官吏去官或被废黜，必将原官印上交销毁，故存世之古官印绝大多数为殉葬而仿制的明器。因此封泥作为官方郑重颁发或私家日常使用印章原物的遗蜕，具有不容忽视的学术价值。众多的封泥可补存世古官印之不足。比如西汉初年有一段时间仍沿用秦时制度化的有界格之官印。但我们可见到的印章实物却不多，包罗宏富的《秦汉南北朝官印征存》收录也不足50方，而封泥中有界格者甚多。正是由于存世古官印多为模拟实用印的明器，其制作多逊于原印，所以封泥作为实用印的遗蜕，其艺术性一般在现存古官印之上，加之其特殊的质地（泥）与使用特征（不规则的边），使其更呈现出纯朴虚和、大气弥漫、天真自然的神韵。

如果从战国算起，封泥时代长达千年。但由于泥质不易保存。年代过于久远，20世纪90年代前存世约4000多方，仅及同期古印实物的十分之一，而且多残损特甚。战国古玺印存今约5000方，而同期封泥大约只有20多方，约为二百五十分之一，说它是凤毛麟角毫不过分。而其中最著名、保存最完好、艺术水平最高者，当推"左司马闻矍信钵"（图76）。

全印7字分3行排列，疏密有致，字与字间挪让有度，寓匠心于从容之中，颇有"和气得天真"之妙。印文极重方圆之变化，如"司""矍"两字右上折笔方劲结实而不失含蓄。"左""闻"等字的圆笔虽囿于方寸之内，但似有无限乾坤，曲线极其舒展而不失沉着。且与整个印面的其他线条虚实映照，相得益彰，动静离合恰到好处，正体现了中国古代书法追求的"和而不同，违而不反"的最高典则。岁月的侵蚀，如"信""钵"等的一些点画已变得或粗或细，有的点甚至已难区分是原印字画还是斑驳的泥痕。左边边框保存完整，其他三边原界隐约可见而又显现黏附泥边。每边各具情态，或内侵，或外展，实中见虚，虚中见实，边与字浑然一体，极显封泥的苍茫古朴之美。封泥的这种边框的表现力往往是后人心摹手追而又难以企及的。

印陶是指印章盖在陶器上而留下的痕迹，与封泥有类似之处。不同的是印陶所用的印章一般为钤陶专用，极少数为通行铜印一类，而封泥所用的印章即为我们一般见到的常规印章。印陶所用的印章一般比常规印章大。鉴于印陶印章专门施于陶器，多为陶工自刻自备，当以陶质为多，陶印难以长期保存，陶工地位也很低，印陶是为了表示对产品（陶器）负责，故亦不如官衙长吏用的印正规。正规官印，用铜、金等制成，代表一定身份，所以我们今天几乎看不到印陶印章的实物。但是遗痕印陶则存世颇多，印陶文字涉及的职官、地名，对研究古代官制、地理以及制陶业的管理流通发展都有十分积极的

图76 "左司马闻矍信钵"封泥

图77 齐 "句华门陈棱再鄙廪訽亭釜鍴"印陶

意义。其艺术价值与封泥一样，可为印家宝鉴。

清代著名金石学家陈介祺不仅是古代封泥专谱的最早集录者，而且也是古印陶研究的开山大师，早在清同治十一年（1872年）他已注意到战国齐印陶的收集。后来他的藏品汇成《簠斋藏陶》，成为我国最早的印陶拓片集。在他的倡导下，清末陶文的藏录队伍又有潘祖荫、王懿荣、刘鹗、端方、周进等金石学家陆续加入。其中周进《季木藏陶》收罗尤为丰富，所录印陶多达1212件。北京大学高明教授近年更集古陶文（主要是印陶）拓片2622纸以成《古陶文汇编》，为当代研究古印陶之巨著。

目前战国印陶发现的数量已很多，地域分布亦十分广泛。集中于齐都临淄（山东）、燕都易县（河北），秦都咸阳（陕西）等大型遗址，这与这些地方为当时各国经济政治中心，制陶业发达有关。

"句华门陈棱再鄙廪訽亭釜鍴"（图77），山东邹平出土。"陈棱"乃齐王之后，战国齐著名立事者，此陶釜系他督造。"华门"乃陈棱居住之地。"句"疑为华门所在地名。"再"说明此釜是陈棱再次任职时之物。"鄙"是仓库之名。"訽"

指工匠。"釜"指明陶器所用量制单位。"鉩"为齐特有的一种印章自名,可释为"节"。此印陶乃由特制钤抑陶釜的巨玺印出。整个印文由立事者所在地名、立事者名、任职期届、仓廪名、陶器名、印章名组成,为典型之齐印陶。长篇朱文潇洒自然,章法于无意处见妙造自然,印文错落有致,印面分三行界格使印文在自由散落中又有了适当的秩序感。同一行中,印文或欹或正,纵横顾盼,虚实相映,为中国印章多字印饰界格而又变化丰富开了先河。

"左宫囗"（图78）,河北易县燕下都出土。此地出土陶器主要有鬲、釜、豆、盂等,其上多钤印戳,内容主要有三种:一种如本印例,文曰左（或右）宫某;一种为陶工某;一种记某年某月。左（或右）陶尹、左（或右）陶倕某、攻某、左（或右）陶工等,皆属手工业制品的标记。燕下都左（右）宫某印,"左"字上大下小颇为稚拙,"宫"字两口呈倒三角形,其大小与"左"字中"工"部相呼应,章法浑穆、线条舒展,为古玺中代表之作。

秦人的印陶以民间制陶手工业者生产的陶器上的印迹最富代表性。其内容格式多为"某亭某里某器""某里某器"等。秦印陶的流行,主要与秦献公七年（公元前378年）"初行为市"有关。当时官府加强了对市井贸易的监督与管理。民间制作的陶器钤盖印章,便于市井官吏对制陶手工业者检验和征税。另外,有信

图78 燕 "左宫囗" 印陶　　　　图79 秦 "咸廙里角" 印陶

心的陶工在自己生产的陶器上钤上印章，也类似于今天倡导的所谓"名牌战略"和"精品意识"。

"咸郿里角"（图79），秦咸阳遗址出土。秦印陶中以郿里印文最多，单是不同的工名便见到30余人之多，可见秦时这里是民间制陶工匠最为集中的地方。此印尚有战国玺印错落跌宕之风，系郿里印陶中的精品。印文安排采用对角呼应之法，字与字之间不刻意追求紧凑，潇洒朴质而无局迫滞闷之弊，俯仰欹正间达到"貌散而神凝"的佳境，浑朴天真的用笔而形成的古穆氛围散发着秦人可贵的质朴厚重的气息。

尚未破译的千古之谜

在近四千年的中国玺印史中，出现过许多印章门类，文字印中难识莫过战国古玺，罗福颐先生等古玺印文字学专家著《古玺文编》等已将其基本识读，而图像印（又称肖形印）王伯敏先生也编著了《古肖形印臆释》，从神话、文物、文献各方面对其含义功用进行了成功阐释。但是战国时期的巴蜀符号印，至今学者说法不一，千古之谜，尚待破译。

巴、蜀是从新石器时代到秦代生活于四川及周边地区的古代少数民族。其时代从商代晚期至战国晚期，延续千年之久。20世纪90年代，在四川广汉三星堆遗址特别是两个早期蜀文化的祭祀坑中发现神人铜立像、面像、头像、神树、龙、蛇、鸟兽、金面罩、金杖、璋、圭、戈、矛等铜玉礼器上千件，震惊了考古界，人们对巴蜀文明的高度成就惊叹不已，巴蜀历史为之改写。

主要在战国时期，巴蜀先民孕育了发达的印章文化，因其印而含意神秘，很难说是文字还是图画，我们权称之巴蜀符号印。符号印以铜质为主，兼有石、陶。钮式以鼻钮为主（图80）。印面多为圆形，兼有方形、长方形、山形等。印面边长或直径约3厘米，略大于同期其他地区的公私玺印和图像印。个别大的达5厘米，小的仅0.8厘米。

其印章内容由各种独特的巴蜀符号组成，就其单体符号而言，可分解为三类：

甲类为明显的象形符号，如罍、铎、削、戈、手、人、马、虫、鸟以及其他动物。乙类为形态抽象但稳定，而且是多次出现的基本符号，如♔、ᔑ、王、ᖴ等。丙类为暂时还不能掌握规律的其他符号，如↺、⊐等。

现在从巴蜀常出现的一些符号看，它们肯定代表某些特定的含意，如同古埃及神庙上的一些符号，看上去是一些人物或动物以及其他符号，实际上可能记载的是在某次战役中俘获敌人及其缴获战利品的情况。但由于早期巴蜀文献太少，我们还没有找出巴蜀印章上符号组合出现的规律，从而与文献相印证，最后系统破译这些符号的象征意义。如已故著名先秦史文字学专家、四川大学教授徐中舒先生在其名著《古今文字对照表》中猜测，这些巴蜀符号"只能表意，不是可以按字宣读的语言，只有巫师才能认识，还要多方譬喻解说，不然一般人是难以理解的"。尽管古代巴蜀民族已不复存在，其印章上的符号过于奇诡神秘，但从有

图 80 巴蜀印钮式

图 81 巴蜀印

图 82 巴蜀印

关巴蜀文献的蛛丝马迹中，我们还是看到了破译巴蜀符号印的依稀曙光。

（图81）有巴蜀符号印中最常见的"王"，它究竟是什么含义呢？考古发现告诉我们虎纹为巴蜀青铜器上重要的纹饰，是一种特殊的表意符号。但符号印中屡屡出现的"王"和青铜器中最常见的虎纹从未同时出现于一个印章或青铜器上。即使虎纹青铜器与巴蜀符号印同出一墓，亦不例外。考虑到老虎额纹似"王"，至今民间布老虎头上还总有一个明显的"王"纹，巴蜀符号印上的"王"很可能就指代虎纹，为以局部象形代替整体象形的手法。《后汉书·南蛮西南夷列传》记载巴人先祖廪君死后，"魂魄世为白虎"，因而"王"符号可能被作为巴蜀先民的图腾或族徽，以代表首领。秦汉时代，巴人的"王"多与虎有关。如《隶续》录《汉繁长张祥等题名》有"白虎夷王"谢节、资伟。"白虎夷王"应是同义重复的词组，"白虎"本意即为"王"。

（图82）印由6个符号组成，其中5个为巴蜀基本符号，即前述乙类符号，其中上方的一个鸟形符号尤不能等闲视之。远古蜀国开国之初，"蜀王之先名蚕丛、柏濩、鱼凫、蒲泽、开明"（杨雄《蜀王本纪》）。李白在他的不朽名篇《蜀道难》中浩叹："蚕丛及鱼凫，开国何茫茫，尔来四万八千岁，不与秦塞通人烟……"传说蜀地土著的蒲卑氏祖神望帝杜宇，其表象就是鸟，或以望帝杜宇亡去化为鸟，或以望帝杜宇本来即为神鸟所化，故曾使"洛阳纸贵"的左思在其《蜀都赋》中说："鸟生杜宇之魄"。不论怎样，杜宇与鸟都有神秘的联系。至于鱼凫氏很可能是由以鱼为图腾和以鸟为图腾的两个氏族联合而成，所以此印很可能与巴蜀人的祖先崇拜有关。

专家认为，巴蜀符号印是具有标识、领有、称谓、徽记等一类实用功用的印章。巴蜀先民偏爱印章，故他们以印章随葬的习俗远盛于同期的中原地区。在古巴蜀与秦楚等周边地区的交流中，巴蜀符号印很可能对秦汉图像印的兴起起到了推波助澜的作用。

方寸大千

中国古代玺印篆刻

瞬间辉煌——秦印

公元前221年，雄才大略的秦王嬴政指挥秦国的虎狼之师，以摧枯拉朽之势，横扫六合，一匡天下，建立起中国历史上第一个统一的封建王朝。在他大刀阔斧，迅速建立起一套封建专制国家机器的同时，他把战国之时秦国业已成熟的玺印再次加以规范制度化，随着秦军的战车推行到全国每一个角落，废除了原六国字体形式各异的玺印制度。秦始皇建立的"皇帝——公卿——郡县"塔式官僚科层结构及制度，自秦至清，除了官职署府的名称因时不同而有所变化外，其基本模式并无更改。故晚清杰出改革家思想家谭嗣同叹曰："（中国）两千年之政，秦政也！"

然而专制必然导致权力的滥用和腐败。沉重的徭役赋税、高压的文化钳制，使秦帝国危机四伏。降至秦二世，更加昏庸无道，于是不可一世的秦帝国在短短15年后，便随着它"传之万世"的梦想一起灰飞烟灭了……

虽然第一个强大帝国确实覆亡了，但它在历史一瞬中为中国古代玺印构筑的框架却成为永恒。

瞬间留下的永恒

秦印对中国古代印史的影响主要从以下几点反映出来：

首先，秦始皇把战国之时使用最广泛、尊卑共之的印章名称"玺"变成皇帝的专利。皇帝自称"朕"，令称"诏"，至高无上。

其次，随着中央三公九卿制和地方郡县制架构的建立，与之匹配的官印制度随之完善确立。不同的职官地位权力不同，印章的质地、穿系印章的印绶（丝带）颜色也不同。除皇帝用"赤绶玉玺"外，百官印绶从高到低分别以紫、青、黑、黄四色为别，质地也有金、银、铜之分，等级森严（见附表）。

部门	官职	秩、用印	职责
三公	丞相府	丞相、相国 金印紫绶 太尉 金印紫绶 御史大夫 银印紫绶 二千石	"丞天子、助理万机" "掌武事" "掌副丞相""掌图籍秘书，外督部刺史，内领侍御史十五人，受公卿奏事，举劾按章"

（续表）

部门	官职	秩、用印	职责
九卿	奉　常	银印青绶 中二千石	"掌宗庙礼仪"
	郎中令	银印青绶 中二千石	"掌宫殿掖门户"
	卫　尉	银印青绶 中二千石	"掌宫门卫屯兵"
	太　仆		"掌舆马"
	廷　尉	同上	"掌刑辟"
	典　客	同上	"掌少数民族之事"
	宗　正	同上	"掌亲属"
	治粟内史	同上	"掌谷货"
	少　府	同上	"掌山海池泽之税以给供养"
中央其他官职	中　尉	银印青绶 中二千石	"掌徼扦京师"
	将作少府		"掌治宫室"
	詹　事	同上	"掌皇后太子家"
	典属国	同上	"掌少数民族之事"
	内　吏	同上	"掌治京师"
	主爵中尉	同上	"掌列侯"
地方官	郡	监御史	银印青绶 二千石	"掌监军"
		郡　守	同上	"掌治其郡"
		郡　尉	银印青绶 比二千石	"掌佐守典武职甲卒"
		都　丞	铜即黑鳢 六百石	"掌桩守"
		长　吏	同上	"掌兵马"
	县	县　令	铜印黑绶 千石至六百石	"掌浩其县" 万户为县
		县　长	铜印黄绶	不足万户为长
		县　丞	铜印黄绶 四百里二百石	丞、尉称为"长吏"百石以下还有斗食、佐吏、称为"少吏"
		县　尉	同上	县以下十里为亭，有亭长，十亭为乡，有三老、啬、游徼、分掌教化、听讼、税收、禁盗等

官印由少府属官"符节令丞"掌管颁发，私刻和盗用公印都要受到严厉的惩罚。

第三，战国之时，西土的秦系文字与东土的六国文字区别很大。秦国文字上承西周金文，结体较为方简朴实。特别是民间流行的篆书已与小篆颇为近似，如前举战国秦玺"泠贤"（见图 72）。到秦始皇统一六国，命李斯将战国秦文字再行删简规范，创立小篆，并推广到新征服的六国土地。在印章上，吸取小篆结构和隶书平叠特点，创用"摹印"体。这种文字平直方正，易于根据印面大小及相配文字繁简增加或减少笔画。摹印篆用于治印，既显得整齐秩序，又易于刊刻制造。这种文字对以后两千年玺印文字产生了深远的影响。汉印文字只是在印面上不用秦印的界格，隋唐以后的九叠文还是以秦印文字为基本构架，而将一些笔画增加盘曲以添满印面，再从阴文变为阳文。试举"印"字为例：

（秦印）　→　（汉印）　→　（隋唐印）　→　（宋印）　→　（清印）

明清以来，"印宗秦汉"成为印坛复兴的号角，其基本原因还是基于前面提到的秦"摹印篆"的平直方正，易于增减的两大优点。从此入手，易于学习，符合中国传统艺术中"初学分布，务求平正；既知平正，务追险绝；既知险绝，复归平正"的规律。

从印面尺寸上讲，秦公印改变了战国六国公玺大小不一的局面。分为两种：一种为方形，边长在 2.2 厘米左右，即当时的一寸，如"曲阳左尉"（图 83），其中许多印面高略大于宽，如"弄狗厨印"（图 84）。第二种为长方形，印面大小为方印的一半，一般为 12 厘米 × 2.4 厘米，故又称"半通印"。多为较低级官吏所用，如"商库"（图 85）、"丧尉"（图 86）。

秦印印面分割的一大特点是基本上都采用田字格或日字格，此风延及西汉初年。印文排列尚未固定，以四字公印为例，以▦为多，如"弄狗厨印"（见图 84）、"右司空印"（图 87）；另外还有▦，如"杜阳左尉""苣阳少内"；▦，如"曲阳左尉"（图 83）；▦，如"南宫尚浴"（图 88），此类少见。

秦印文字以凿刻为主，罕见铸印。由于文字形成方式的不同，它与汉铸印的

图 83 秦 曲阳左尉　　图 84 秦 弄狗厨印　　图 85 秦 商库

图 86 秦 丧尉　　图 87 秦 右司空印　　图 88 秦 南宫尚浴

浑穆雍容厚重比起来，更多了一些天真、峻利、率真。篆法方圆相济，线条颇有弹性。

私印形式多样，有正方形、长方形、圆形等，如"王谷"（图89）、"殷买臣"（图90）、"蓟鼠"（图91）、"张隗"（图92）等，多为凿制，天真歪倒，稚拙可喜。

秦词语印，除印文风格与同期公私印相类外，文字内容多与敬业修身有关，如"敬事""忠信""日敬毋治（怠）"，与汉词语印追官逐利、祈福致祥的内容颇不一样，秦汉社会风气不同若此。再试举一例。

"中精外诚"（图93），鼻钮，印面2厘米×1.9厘米，现藏故宫博物院。生活于战国早期的庄子是中国古代最具思辨性的哲学家，他在《庄子·渔父》篇中，借渔翁之口道出："不精不诚，不能动人。强哭者虽悲不哀，强怒者虽严不威，强亲者虽笑不和。真悲无声而哀，真怒未发而威，真亲未笑而和。真在内者，神动于外，是所以贵真也。""精诚之至，谓之真。"对孔子"苦心劳形以危其真"提出了批评。这种求真尚朴的思想后来成为秦文化的最主要特征之一。至两汉，"真"仍为人们孜孜以求。《后汉书》有"精诚所加，金石为开"语。战国《管子》对"精"还有专门诠释："形不正者德不来，中不精者心不治。"注曰："精，诚至之谓也。"可见"中精外诚"正是告诫人们只有心中真诚无比，外表才能真诚感人。秦人性格中的这种真率质朴，正是秦印的内在精神。

秦人治印，目的在于实用，绝无参展获奖、惊世骇俗的企望。正是由于他们治印的这种平常心，故印作多真率自然，不做作，不矫饰。同期的秦简、诏版（图94）莫不如此。人们常说："绚烂之极归于平淡""看似寻常最奇崛"，真正的平淡、平常绝不是索然无味、一览无余，而是五彩斑斓、耐人回味。前人提出"印宗秦汉"，正是因为秦汉印平正中寓机巧，雍容中现真意。秦"中精外诚"印用语及自身精纯自然的风格，无疑对当今印坛的一些浮躁习气来说是一剂良药。

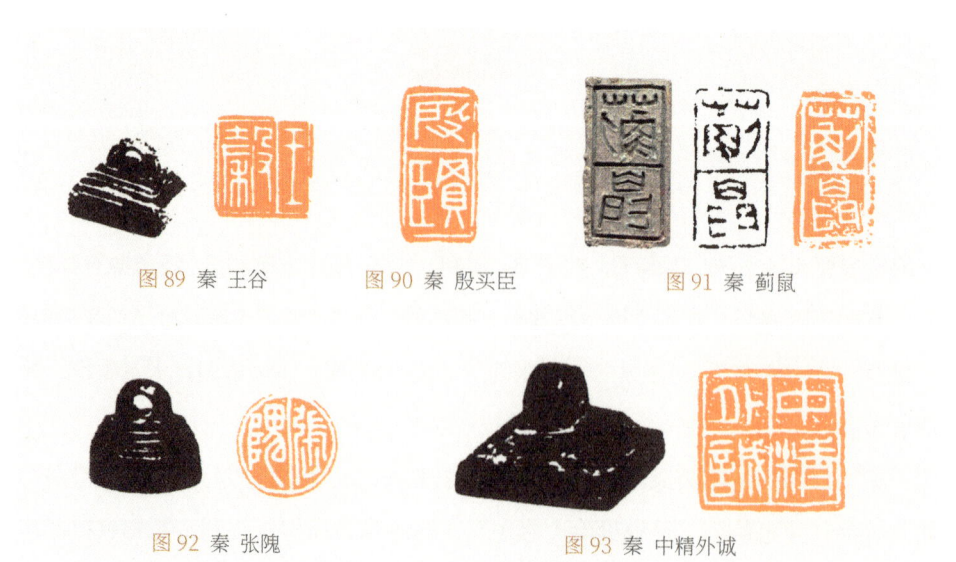

图89 秦 王谷　　图90 秦 殷买臣　　图91 秦 蓟鼠

图92 秦 张隗　　图93 秦 中精外诚

图 94　秦诏版拓片

扑朔迷离的秦始皇传国玺

　　一个人生前只活了 50 多年,而身后却为人们竞相评论了两千多年;他的印章生前自己只用了不到 15 年,死后 1500 年中却为历代统治者奉为国家正脉的象征,不惜流血夺杀,大动干戈。

他就是千古一帝秦始皇，这方印就是大名鼎鼎的秦始皇"传国玺"！

传说传国玺是用战国之时的和氏璧制成。《韩非子》记载：最早楚人卞和在楚山中得到一块天然璞玉，出于忠心，他将玉献给厉王。厉王让玉工鉴定，玉工说是石头，根本不是什么玉。厉王以为卞和蓄意欺君，勃然大怒，砍去了他的左脚。厉王死后，武王即位，卞和又一次将璞玉献上，武王使玉人相之，又说是石头，武王又砍去了卞和的右脚。武王死后，文王继位，卞和抱着璞玉哭于楚山之下。整整三天三夜，眼泪流干了，又流出了血。文王听说后，派人问他："天下被刖去双足的人多了，何以唯独你哭得格外伤痛呢？"卞和说："我并不是为双足被刖而悲，悲痛的是宝玉被当作石头，忠贞之士被斥为欺狂之人啊！"文王再次令玉工雕琢璞玉，终于得到了一块罕见的无瑕美玉，遂琢为玉璧，并以卞和之忠诚，名为"和氏璧"。

后和氏璧一直为楚国重宝而秘藏。楚威王时（公元前399~前329年），因其相国（相当于总理）昭阳灭越有功，和氏璧被赏赐给了他。然而没有多久，和氏璧不翼而飞，当时怀疑为张仪所窃，于是严刑拷问，张仪始终没有承认。为此，张仪愤然离楚入魏，最后到了秦国，拜为秦相。其后他作为秦国使节入楚，拆散齐楚联盟，使楚国元气大伤，一败涂地。

几十年过去，赵惠文王（公元前298~前266年）又得到了和氏璧。秦昭王闻之大喜，声称愿以15座城池来交换和氏璧，"价值连城"的成语由是而出。赵王畏惧于秦国的强大，硬着头皮派蔺相如出使秦国，以璧易城。后秦王欲得璧而不予赵城，由于蔺相如的机智和以死抗争，终得以"完璧归赵"。

公元前228年，秦王嬴政终于实现了当年曾祖父的遗愿，兵践赵都邯郸，天下共宝和氏璧终于落入秦人之手。秦王嬴政大喜过望。在称始皇帝之时，专门将和氏璧磨去，令李斯精心篆书"受命于天既寿永昌"8字，刻成传国玉玺，从此传国玺成为国家神圣的象征。然而，它背后随之而来的是更加令人不寒而栗的刀剑寒光。

由于秦始皇及秦二世的暴政，秦代短短15年便寿终正寝。公元前207年10月，刘邦率义军至灞上（今西安东南）。刚当了46天秦王的子婴，只好以绳系颈，乘素车白马，捧着御玺符节跪在咸阳轵道旁，向起义军投降了。

此后传国玺在汉深宫中代代相传了二百多年。西汉末，王莽篡权。当时孺子刘婴年幼未立，传国玺藏于长乐宫太后处。王莽派人去要，太后大骂来者，拒绝交玺。但孤儿寡母终于抵不过蓄谋已久的王莽，万般无奈中，太后高举传国玺掷于地上，将玉玺一角磕掉。王莽得到传国玺喜不自禁，并小心翼翼地用黄金将磕掉的玉玺一角补齐。

可惜传国玺也没能保佑不争气的王莽万岁不败，王莽被杀，传国玺为禁卫军将领校尉公宾所得，公宾到宛（今河南南阳）将传国玺献于刘汉宗室更始帝刘玄。25年，赤眉军杀刘玄而立刘盆子，传国玺也随之到刘盆子手中。后刘盆子兵败宜阳，只得将传国玺拱手奉于东汉光武帝刘秀。而后，传国玺又得以在刘汉宫中相传13代，近200年。

至东汉末年，宦官专权。灵帝熹平六年（177年），袁绍等人带兵入宫诛杀宦官，段珪等挟持皇帝仓皇出宫，传国玺在一片混乱中，也不知弄到哪里去了。

至献帝，董卓作乱。孙坚攻入洛阳，士卒见宫中一井每日清晨有五彩云气环绕，遂下井探看，竟得遗失多年的传国玺。孙坚对意外发现的宝玺视若生命，秘藏于妻吴氏处。后袁术拘孙坚妻，强夺传国玺。袁术死后，荆州刺史徐璆得知汉献帝与曹操同在许昌，便风尘仆仆奉玺归汉。

220年，曹丕不满足于父亲曹操的"挟天子以令诸侯"，硬让汉献帝将帝位禅让给了他，传国玺再次易主，曹氏并在传国玺肩部郑重刻下"大魏受汉传国玺"7个隶字。45年后，历史又一次轮回，司马炎也不客气地让曹丕的子孙尝了一下"禅让"的滋味，代魏称晋武帝，并如法炮制地笑纳了传国玺。

311年，前赵刘聪俘虏晋怀帝司马炽，玺归前赵。329年，后赵石勒灭前赵，再得传国玺，并在玺侧加刻"天命石氏"，奉为神明。

350年，玉玺再传冉魏，后以冉魏乞求东晋的军事支援，传国玺为东晋将领设法骗去，并以三百精骑连夜护送至东晋首都建康（今南京）。后江山变幻，宋、齐、梁、陈，传国玺也照例在刀光剑影、你争我夺中，四易主人。

589年，隋灭南陈而有传国玺。席不暇暖，隋末农民起义中，萧后与太子正道怀传国玺入于北方突厥。

唐代勘定天下，生产发展，经济繁荣。雄才大略的太宗李世民却以宝玺未获，深感自己这个皇帝"名不正，言不顺"，寝食不安。万般无奈中，仿照传国玺刻成"皇天景命，有德者昌"御玺以自慰。真是苍天有眼，吉人天相，贞观四年（630年），萧后与太子正道突然从突厥归唐，可谓"玺"从天降。于是传国玺又在唐朝传19帝200余年。

907年，朱温篡唐，玺为之所据。庄宗（923～926年）定乱，玺又入于后唐。传至末帝李从珂，国家衰败。936年，沙陀人石敬瑭勾结契丹贵族兵临首都洛阳城下，末帝抱定玉碎决心，怀传国玺登玄武楼自焚。从此，这方"世界最著名的国玺"（《不列颠百科全书》语）又一次神秘地失踪了。

岁月的流逝丝毫不能冲淡后代封建帝王对传国玺的迷信与执着。如后周郭威在他登基的第二年（592年），苦寻传国玺而不得，迫不及待地仿照传国玺刻"皇帝承天受命之宝""皇帝之宝"以代之。

宋代哲宗朝（1086～1100年），农民段义掘地而得一玉玺，献之于朝廷。经尚书礼部、御史台、学士院、秘书省等大批饱学之士、朝廷重臣慎重鉴定，印文与李斯篆传国玺毫发不差，"非汉以后所能作"，于是神秘的传国玺又一次奇迹般重返人间。

宋末，宋徽宗、宋钦宗被金人俘虏，传国玺也被掠往北方。

1294年，元世祖忽必烈崩，遗诏皇孙铁穆耳（1265～1307年）继位。正在这时有人持一玉玺出售。御史中丞崔彧见之，反复验看，最终定为失传已久的传国玺，大喜过望，遂重金买下，献于皇太妃，并上疏贺曰：今皇帝正位之时，传国玺应期而出，实为天赐祥瑞。

然而传国玺在元朝流传8代皇帝之后，元朝皇帝又一次犯了历朝末尾几代皇帝的老毛病，滥用起"神授君权"来。于是"周期性的震荡"再一次无情地使空前庞大的元帝国大厦崩溃，烽烟四起。1368年，朱元璋的北伐大军在大将徐达的指挥下，直捣元大都（今北京）。7月22日，元顺帝弃大都仓皇北遁。传国玺在有序流传约1500年后，终于失去了对皇权欺诈的耐心，最后消失在历史长河之中。

也许传国玺太重要，太著名了。在神秘的色彩下，人们对它的传说各式各样，如关于它的质地，有人说是用"和氏璧"做成，也有人说是用产于陕西蓝田的蓝田玉制成。我们已很难对这些史料进行一一甄别，并看清它的庐山面目了。

那么传国玺到底是什么样子呢?

史书记载,它约4寸见方(约9厘米),上为螭虎钮。李斯篆文"受命于天,既寿永昌"8字。

关于它的印文,从宋代起,金石书中或有描摹。如成书于南宋绍兴二十五年(1155年)的薛尚功《历代钟鼎彝器款识》中即有三种传本,约10厘米见方,但与秦公印风格相去甚远,秦公印多2.2厘米(秦制1寸)见方,用摹印篆,绝不见鸟虫篆公印。而且摹本鸟虫书篆法与秦汉鸟虫篆区别较大,时代风格很晚,应出宋人臆造。所以,印学家对这些所谓的"传国玺"摹本皆持否定立场。连当年薛尚功在摹录这些印章时也注明:"疑以传疑"(图95)。

也许历史上盛传的传国玺将永远是一个谜……

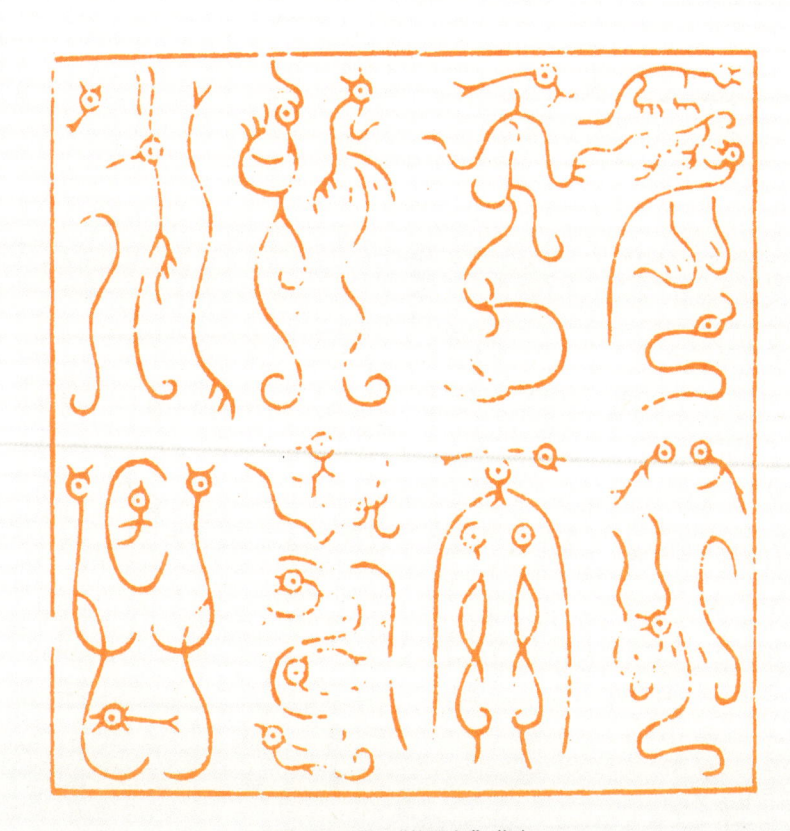

图95-1 秦 "传国玺"摹本

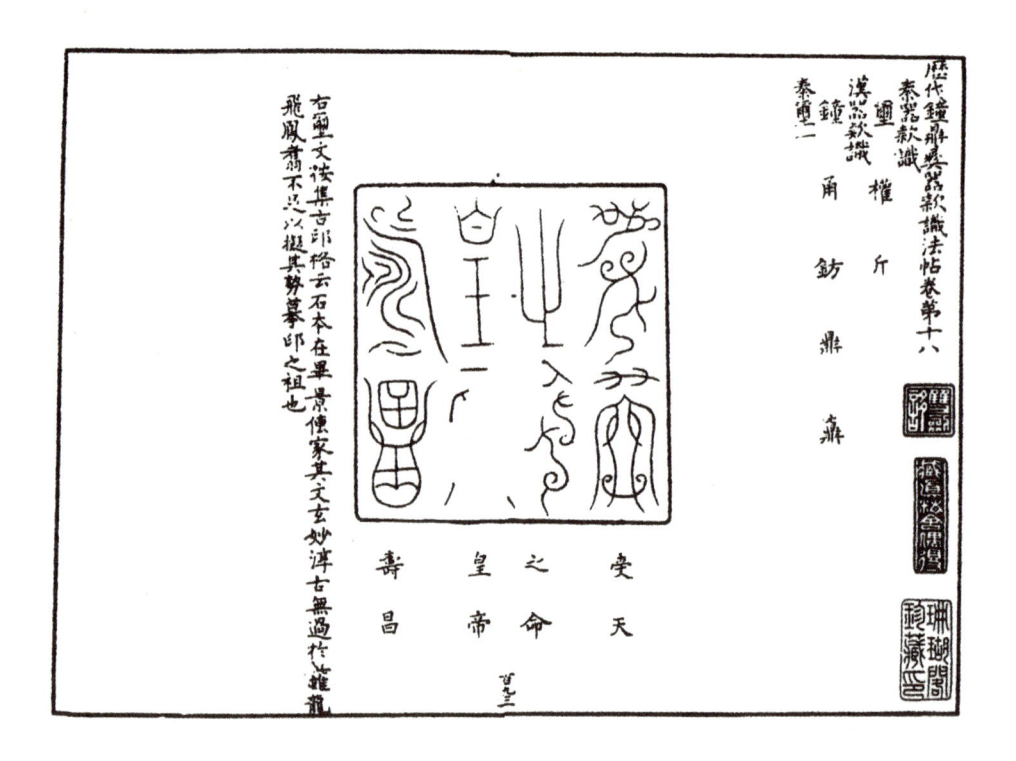

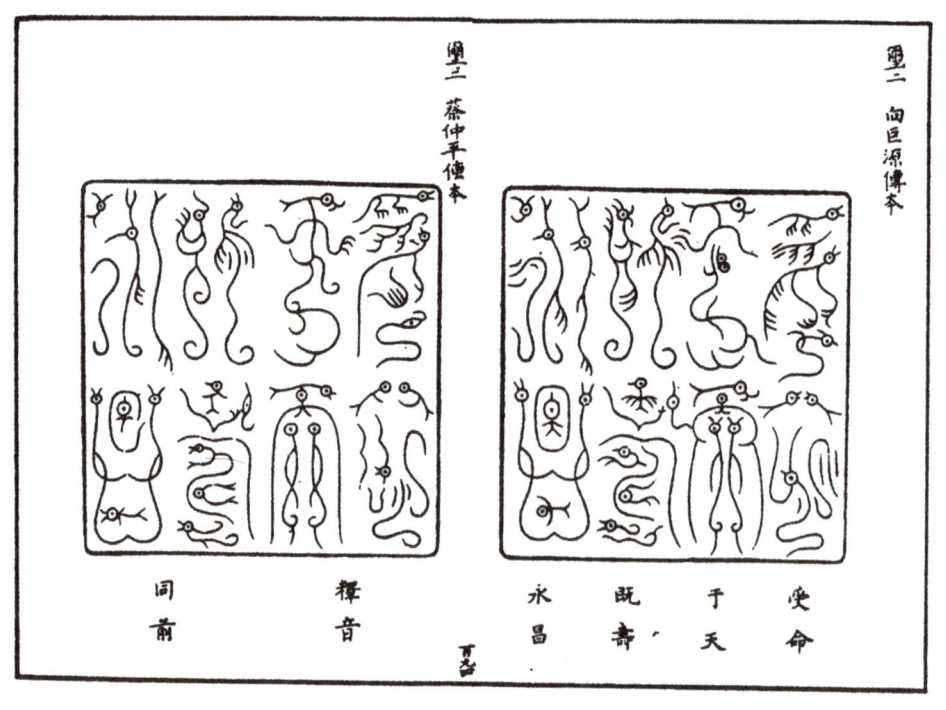

图 95-2 《历代钟鼎彝器款识》著录秦"传国玺"摹本

横空出世——秦封泥纵横谈

封泥是隋代以前特别是战国到两汉时期印章使用的珍贵遗蜕，但在 1996 年我已写完本书战国和两汉封泥部分之后，倍感秦封泥实物太少，乏善可陈。在当时可以见到的近 3000 封泥遗蜕中，公认的秦封泥不过 10 枚左右。而且由于秦和汉初，公印一脉相承，风格接近，所以，上海博物馆玺印专家孙慰祖先生在主编《古封泥集成》时，也只好将秦封泥统编于"秦汉魏晋封泥"一目中，而在书前详尽的《古封泥述略》中仅列举了 3 枚封泥，作为秦封泥标准品。浅陋如我者，深感秦享国日短，秦封泥缺乏考古发掘的实物佐证，资料匮乏。在勉强成篇后，1996 年冬，我去北京图书馆查资料，碰到收藏家路东之（梦斋）兄。他告诉我一个令人难以置信的消息：一年前，他从文物市场上抢救收藏了一千余枚秦代封泥！我们对秦封泥的实物掌握猛然增大了一百倍，简直令人欢欣鼓舞。

两月后，秦封泥的发现与研讨会在西北大学文博学院召开。各路专家纵论他对秦汉研究的重要意义。刚揭开 1997 年的崭新日历，西安中国书法博物馆馆长傅嘉仪先生告知该馆经过努力，从西安某收藏家处购藏秦封泥精品 600 余品，并找到了秦封泥的准确出土地——西安北郊相家巷村。接着，西安文物局考古队队长程林泉带领他的考古队在相家巷开始了中国考古史上第一次针对封泥的科学发掘，收获大量有科学地层关系的封泥。目前，路东之先生的秦封泥已公开陈列于他私人创办的"古陶文明博物馆"中，系统的资料也经西北大学文博学院周晓陆教授整理成《秦封泥集》一书由三秦出版社出版。2000 年夏，中国社科院考古研究所汉城考古队再次在相家巷科学发掘秦封泥 325 枚 100 多种。当然也有一些秦封泥已经流落于国内（图 96）及日本藏家手中（图 97）。

从 1995 年夏起，西安北郊陆续发现并公布的秦封泥已达 6400 多枚 1050 余种。这秦封泥是封泥自清代道咸为世人识得一个半世纪以来所知秦汉封泥总量的两倍。在秦汉历史考古学界引起极大震动。如此之多的秦封泥，出土地究为秦时何地，成为学者首先不能回避的问题。1996 年 12 月 26 日首次公布这批封泥资料时，研究者根据贾人所指，认定这批封泥出于汉长安城大小白杨村间，当为秦章台遗物。这与一个世纪前甲骨文最早发现时，由于古董商秘而不宣谎指甲骨文出土于河南

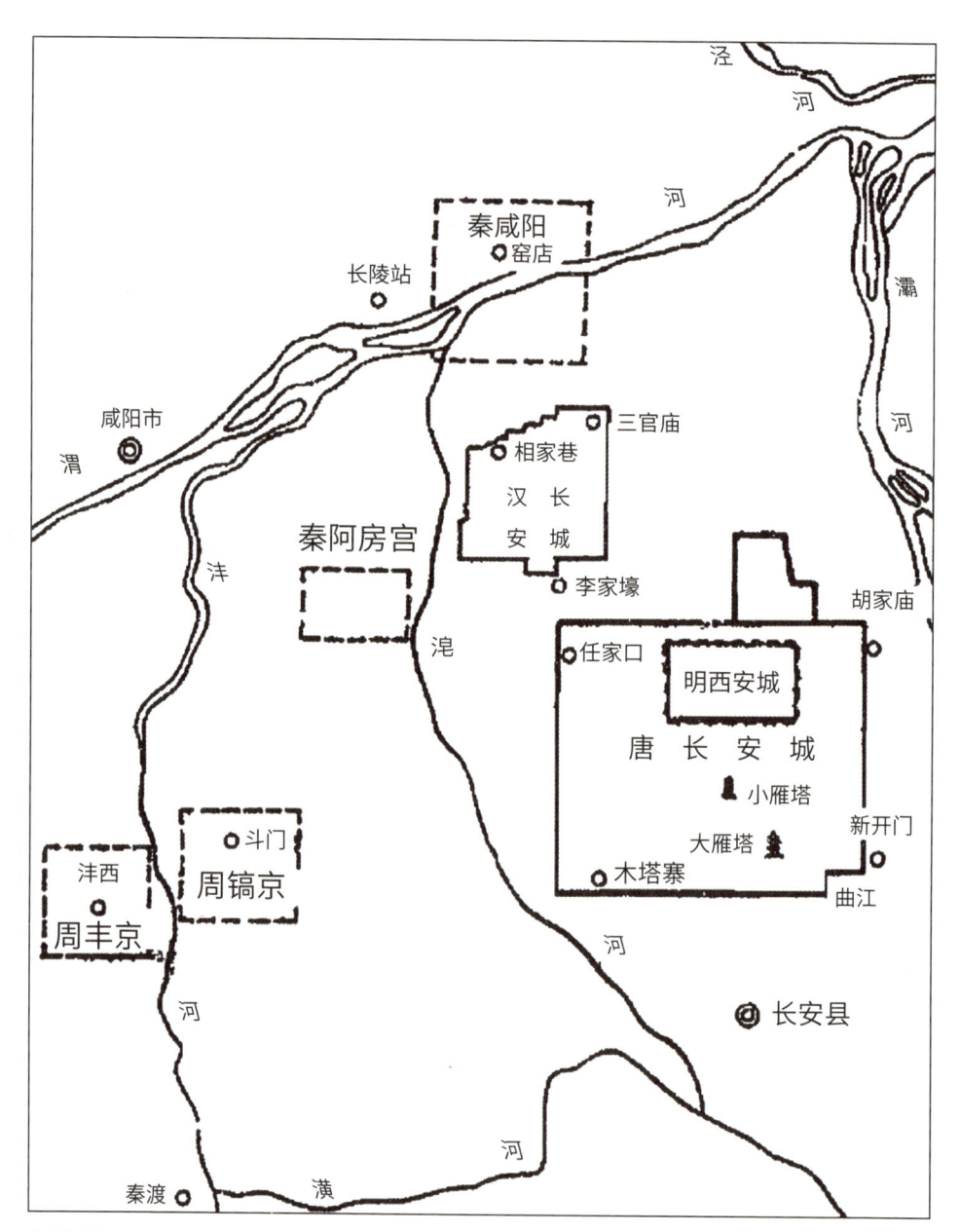

秦封泥发现相家巷位置示意图

汤阴有惊人的相似之处。幸而不久，秦封泥的实际出土地相家巷终于找到。这里与秦章台有五六公里之遥。于是有人猜测这里可能是秦北宫，并引这批封泥中诸多"北宫宦丞""北宫私丞""北宫弋丞"等为证。愚以为假使文件封泥在北宫

图 96 秦 "南郑之印" 封泥

图 97 秦封泥

拆封，反而出现北宫封泥的可能性较小。因为同在一地，非有极特殊、极机密的情况，不会不厌其烦地用封泥密封，而转身又将简册拆封的。最初学者推断封泥出土于秦章台，并引诸多章台封泥为据已证明并不成功。

根据史料分析和考古发现，我认为"北宫"很可能是秦时与相家巷隔河相望的咸阳宫（今咸阳窑店）。而相家巷是秦时渭河南岸与北宫（咸阳宫）相对的南宫——秦甘泉宫之所在。

《太平寰宇记》卷二十五行《三秦记》："桂宫一名甘泉宫。"说明汉桂宫是在秦甘泉宫基础上扩建而成。考古发掘也证明西汉桂宫之下有秦文化层。如此，秦甘泉宫也应在后来汉长安城的西北角。这与相家巷在汉城中的位置一致。在相家巷与相小堡还曾采集到多件秦网带纹半瓦当。今日渭河已较秦时有北移，而将秦咸阳南部冲刷得了无痕迹。从秦咸阳布局图看，秦封泥发现地相家巷（也可以说秦甘泉宫）当时正居渭河南岸，北过架于渭河上的便门桥（又称中渭桥、横桥），即是咸阳渭北的心脏咸阳宫（北宫）。《史记·匈奴列传》《后汉书·西羌传》记载；秦昭王三十五年（公元前272年），宣太后诱杀她的情人义渠王于其居住的甘泉宫。当时昭王"旦暮自请太后"，既然昭王可以早上晚上多次前往甘泉宫与太后秘议，甘泉宫当离秦咸阳很近。

公元前238年，秦王政母亲的情人嫪毐密谋在秦故都雍城政变夺权失败被杀。次年，嬴政原谅了母亲，"乃迎太后于雍而入咸阳，复居甘泉宫"。《史记集解》引南朝宋（420～479年）人徐广言："表云咸阳南宫也。"此则重要史料再次明示甘泉宫是咸阳南边的重要宫殿。《史记正义》引《三辅旧事》记载，秦昭王为联通渭河北岸咸阳宫和渭河南岸诸宫，在渭河上架横桥（亦名便门桥），相家巷恰在横桥南端。

秦始皇二十七年（公元前220年），作甘泉前殿。秦宫筑前殿者另外只有阿房宫，可见甘泉宫之不一般。这暗示我们秦甘泉宫完全可能是秦始皇经常处理朝政之所在。秦二世时，李斯曾在甘泉宫求见，而二世正在兴高采烈地观看文艺演出，可见秦二世也常在此办公。

总之，相家巷出土秦封泥当是秦王在甘泉宫批阅公文（简册）的遗物。

秦始皇是古代罕见的集独裁与勤勉于一身的皇帝。他"躬操文墨，昼断狱，夜理书"，每天要看 120 斤重的公文（竹简），要两个人才能抬动。看公文，也就是拆阅简牍，必然废弃大量封泥。当时竹简开封就是用刀剪沿封泥一侧将捆扎简牍的绳头截断，然后完成使命的封泥便连缀于简册一边（过去认为拆简牍是将封泥毁坏，再将压于封泥下的简牍绳扣解开，不确，如此不能解释何以存世封泥中有大量完整封泥的存在）。所以，他的办公厅附近焚毁处理过期简册的垃圾坑中发现大量的封泥（相当于今天的废信封和邮票）也就不足为奇了。

这批封泥中有"丞相之印""左丞相印""右丞相印"（图 98）以及中央各部高官的封泥，这也从侧面证明有权披览这些重要公文的神秘人物极可能就是秦始皇，这个地方曾是秦帝国的神经中枢。

仅陆氏梦斋所藏千枚封泥，去其重复者，即有 150 余种，其中涉及中央职官者约 130 种。三公九卿制是秦始皇对中国封建政治制度的一大贡献。《汉书·百官志》所记秦中央职官约 76% 以上可以在这批封泥中找到印证。其中 3 方丞相封泥是除汉"皇帝信玺"外，最高级别的封泥。

宦官是中国封建专制的畸形产物，封建后妃手下的官吏侍者用"阉人"是大家很熟悉的。史书记载，战国末期秦王嬴政（秦始皇）的母亲找了个情人嫪毐，但因为他不是阉人不能侍奉王太后，所以王太后买通主管阉割宦官的官，并把嫪毐的胡子眉毛都拔去，以使之尽量符合阉人特征。费尽周折，嫪毐才得以入宫，投入情人怀抱。国王之母找一个情人如此之难，秦宫禁之严可见一斑。这批新发现的封泥材料中，"中厩""私府丞印"等所反映的皇后宫官系统的宦官机构及名称已见于文献。"中羞府印"（主管皇后宫膳原料采买事务的官员用印）"中

图 98 秦 "右丞相印" 封泥　　　　　图 99 秦 "北宫私丞" 封泥

羞丞印""北宫私丞"（图99）等宦官机构及职官名称则未之尝闻。这些无疑丰富了我们对皇后宫官系统的宦官机构的认识。

这批秦封泥对秦代郡县研究也很有帮助。如谭其骧主编的权威的《中国历史地图》共标秦县31个，而这批封泥可见秦县名40个，其中9个为过去未知。

汉代各郡国在京师都设有"邸"，相当于今天的驻京办事处，地方到中央汇报工作考核政绩的官吏就住邸中。这批封泥中有"郡左邸印""郡右邸印"，说明汉代的邸是承袭了秦代的制度。

这批封泥还有一些很有趣的种类，如"麋圈"封泥。麋圈是秦皇家苑囿上林苑中专门放养麋鹿的动物园。史书记载，当年秦始皇曾想扩大这个动物园。后来一个名叫旃的侏儒倡优（滑稽演员）讽谏秦始皇说："陛下应该在麋圈中多放些野兽，等敌人从东方入侵，我们让麋鹿用角顶敌人就足够了。"秦始皇知道他是在向自己提意见，于是放弃了扩建计划。"麋圈"可以说是中国第一个动物园园长的印蜕。

总之，包括梦斋先生斥资购藏的这批秦封泥在内的相家巷封泥群是秦汉考古学、秦汉历史学研究中的一次空前大发现。诚如李学勤先生所说："这次发现极为重要。在一定意义上，它不亚于云梦睡虎地秦简的发现；这是秦汉历史、考古工作者做梦都不敢想象的收获，我这不是夸大其词，因为秦享国年短，这批封泥实在太难得，太宝贵了！"秦始皇兵马俑博物馆馆长秦陶文专家袁仲一先生也评价："这是秦汉历史学、考古学以及中国古代职官、地理研究的一次里程碑式的极其重大的发现，其中大量问题需要一代人甚至几代人的好好消化研究。"

从印学本身来讲，这些封泥也极大深化了我们对秦印的认识。这批封泥有少数可能上溯到战国，但绝大多数为秦代遗蜕，没有汉代遗物。

往者秦印研究公认秦印皆用界格。从这批封泥看，秦印中也有个别不用界格，如"西方谒者""寺车丞印"。过去，人们对"皇帝信玺"封泥是秦是汉，说法不一。从这批秦封泥看，几乎看不到使用封泥匣的痕迹。秦封泥多为圆角，边也不方正。"皇帝信玺"四边方整，明显用了封泥匣，而印文风格与西汉初"皇后之玺"完全一致，当为汉初遗物。它的年代之争至相家巷封泥出土可以休矣。

"印宗秦汉"一直是学习篆刻的不二法门。但过去秦印发现甚少,只有几十方,所以宗汉者多,法秦者少。汉印固然成熟,但总感多了些理性,少了些天真。而这批秦封泥文字细劲,娇憨中露着无邪的纯真,加之两千年的年代附加,无疑是印坛吹来的清新之风。

方寸大千

中国古代玺印篆刻

万世典则——汉印

图 100 西汉 康陵国丞

在秦朝 15 年的昙花一现后，中国历史翻开了它的雄浑乐章——长达四百年的两汉时代。

无论从哪一个方面讲，两汉时代都是无愧于历史而可以大书特书的。其经济、史学、文学、哲学、科技以至艺术都超越前朝，成一代之风流，立万世之典则。其雄浑博大的艺术中，印章同样成就非凡。不但其形制、钮式庄严多彩，其印文的处理、章法的变化更为一代轨范（图100），为后世篆刻家顶礼膜拜，几乎可以成为学习篆刻之不二法门。

清代西泠八家之一的奚冈在其得意之作"冬花盦"一印的边款中说："印之宗汉也，如诗之宗唐，字之宗晋。"就是说，汉印作为印章艺术的高峰，就像唐代的诗歌、晋人的书法在诗坛书苑中的地位一样，无与伦比。

宋代人们已开始对汉印的著录与收藏，明清以降，专收汉印的印谱层出不穷，如《汉印式》（明初）、《汉铜印丛》（1752年）、《汉铜印原》（1769年）、《汉铜印得》（1795年）、《汉铜印选》（1825年）、《汉印临存》（1874年）、《汉印偶存》（1875年）、《汉印精华》（1878年）、《汉官私印谱》（1911年）等等。

近 50 年来，随着考古发掘的广泛开展，大量年代可靠的两汉印章出土，研究工作也随之深入，其中故宫博物院的罗福颐、叶其峰先生，香港中文大学的王人聪、马国权先生，上海博物馆的孙慰祖先生都有精深的论著嘉惠印林。下面参照他们的成果分门别类对两汉印章做一个全景式的回顾。

端庄雍容的两汉官印

两汉官印,按其不同时期形制风格的变化又可分为三段六期,即西汉(早、中、晚)、新莽、东汉(早、晚)等。

西汉早期

即西汉高祖到景帝时期。其特点是:

第一,汉承秦制,此期公印(官印)最大特点是延续秦代的用界格的方法。这主要是高祖刘邦时的制度,以后界格公印与无界格公印并用,界格印遗风延及武帝太初元年(公元前104年)而终。那么,秦代与汉初界格印又有什么区别呢?首先,汉初界格印有一部分用蛇钮(图101)或鱼钮(图102),不见于秦印。其次,汉初界格印的界格方正饱满,文字亦渐趋工整,多出铸造,笔画及界格都较粗(图103),不似秦印多出刻凿,文字纤细,更多保留了小篆的特点。最后,汉初界格印呈正方形,像部分秦印那样呈竖长方形者已极罕见。印面普遍增大,约2.5厘米见方。此期界格印以外,无界格官印印面绝大多数为2.2厘米×2.2厘米,在整个

图101 西汉初 "字丞之印"(蛇钮)

图 102 西汉早期鱼钮

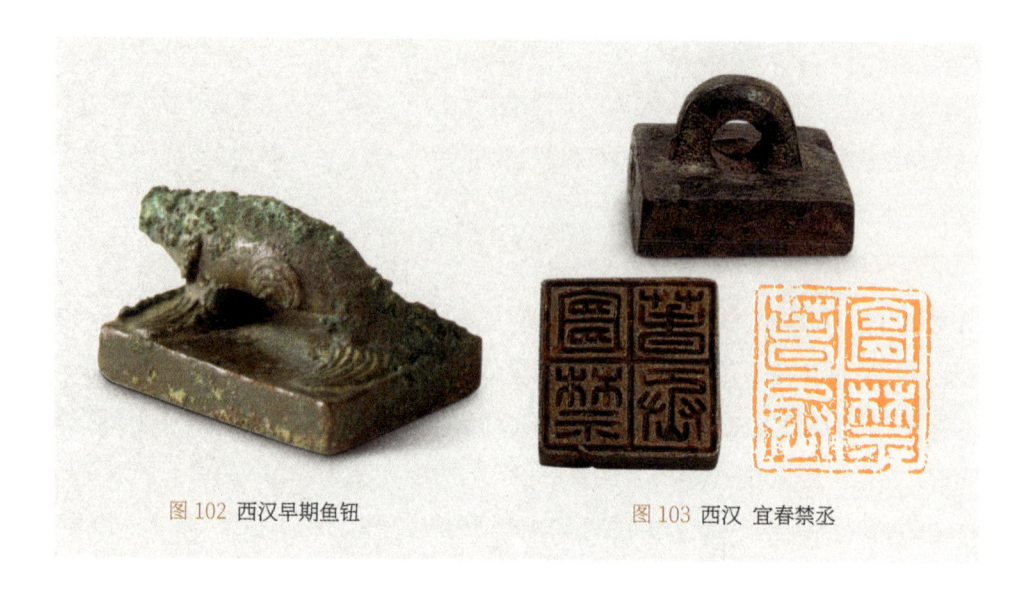

图 103 西汉 宜春禁丞

西汉时期官印中属于最小一类。印台较薄，平均 0.6 ~ 0.65 厘米，秦印多为 0.3 ~ 0.6 厘米。

第二，在印文排列上，右起竖读几成定制，右起横读仅见"宜春禁丞"（图103）等数方。

第三，西汉初期官印钮制有鼻钮、龟钮、蛇钮、鱼钮。鼻钮延续秦代作风，尚未形成严格轨范。龟钮最早见于先秦君侯一级少数高官印章，汉初龟钮形体长狭，低伏，龟首较短，背中略具拱形，足爪粗简，不甚分明。鱼钮为汉初特有钮式，主要流行于南方地区。

西汉初期官印印例：

彭城丞印（图 104）

铜印蛇钮，2.5 厘米见方。其蛇头部扬起，上腹与印体相连，中部拱起一半圆孔，恰成鼻钮状。现存日本京都有邻馆。《汉书·地理志》楚国下有彭县。县丞相当于副县长或县长助理。此印周正方整，篆法谨严。"印"字末笔下垂，为秦印及汉初印特有写法。此印为汉初界格官印标准印式。

图 104 西汉 彭城丞印

楚都尉印（图 105）

1995 年，发现于江苏徐州狮子山西汉楚王陵中。1984 年，徐州狮子山西麓发现大规模西汉兵马俑兵阵。出土兵马俑近 4000 件，当时法新社即惊呼这是"当代中国最重要的考古发现之一"。但兵马俑的主人究在何方，整整七年一直困扰着考古学家。1991 年，传出一条不着边际的小道消息："有人曾在狮子山顶挖过几个红薯窖。"狮子山是一个石灰岩小山，石山怎能挖成红薯窖呢？考古学家的神经突然被触动了。狮子山顶有深厚土层，是否为古代开山深挖的大墓！当下考古学家激动地提起探铲就往狮子山顶跑，就这样一个南北总长 117 米，东西宽 132 米，深 20 多米，凿石量 5100 余立方米的庞大楚王陵之门被打开了！

整个陵墓由墓道、天井、甬道、耳室、侧室及墓室组成，气势宏大。虽然王莽新朝时曾一度被盗，但仍出土金银器、玉器、铜器、铁器、漆器、陶器、骨器近 2000 件，数量之大，制作之精，都远在已发现的其他楚王陵之上。考古学家推断此墓下葬时间在公元前 174 年至前 154 年间，可能是第二代楚王——刘邦之侄刘郢，或第三代楚王——刘邦之侄孙刘戊之墓，其中后者可能性尤大。刘戊其人，非等闲之辈，它是公元前 154 年"吴楚七国之乱"的两名主谋之一，好大喜功。根据墓中骨架复原墓主人当为身高 1.72 米，年龄 35～37 岁的英壮男子。

图 105　西汉　楚都尉印

狮子山楚王陵由于早年被盗，最能确证主人身份的金印等已荡然无存，但仍出土其他印章、封泥近330方。其中有包括"楚都尉印"在内的5个龟钮银印和150多方铜印。这些印章可分为楚王宫廷官吏、属县官吏和军队将官印三大类，以武将印居多。这是古玺印发现史上的重大收获，为研究西汉印章随葬制度、王国官制和历史地理等提供了难得的第一手资料。"楚都尉印"，银质，印文风格与徐州北洞山楚王墓出土"楚御府印"（图106）完全一致。诸多印章可能是楚国官吏去职上交国库封存的公印，楚王死后，把它们随葬墓中，期望在阴间继续统治他的独立王国。

饶有兴趣的是，在庖厨间置放的成堆鸡骨中伴出"符离丞印"封泥，在大量盛酒器皿中伴出"兰陵之印"封泥。在2100年前，安徽符离集、山东苍山的兰陵都是楚王所辖36县之一。可见声名远震的"符离集烧鸡""兰陵美酒"两千多年前就已作为地方名特产贡献楚王。可谓源远流长，脍炙人口了。

轪侯之印（图107）

今天对五十几岁的人来讲，20世纪70年代放映的《考古新发现》纪录片也许还都有一些印象。在那万马齐喑的时代，长沙马王堆汉墓的发掘多少给静如死水的百姓沉闷生活增加了一些好奇欣喜的波澜。马王堆汉墓是西汉初轪侯家族墓地，1972~1974年发掘。其中一号墓主人为轪侯妻、二号墓主人为轪侯利苍、三号墓主人为轪侯之子。墓中发现大量的色彩如新的丝织品和漆器，著名的《老子》帛书以及器官保存完好，肌肉尚有弹性的二千多年女尸震惊了世界。二号轪侯墓发现印章3枚，分别是第一代轪侯利苍的私印"利苍"玉印以及他的两方殉葬官印"长沙丞相"和"轪侯之印"。

图106 西汉 楚御府印

图107 西汉 轪侯之印

利苍原来可能是项羽的将领，在楚汉战争中转而投向刘邦。此后，由中央派遣出任长沙国丞相，名为辅佐长沙王"统众官"，实际上是中央的钦差大臣，长沙国的真正统治者。长沙国南面与南越国相邻，长沙国成为警戒南越赵佗割据势力的桥头堡。正因为这个缘故。虽然汉初王国丞相和郡守多不封侯，但利苍以及他的子孙三任长沙丞相都得以封侯，由此可见汉朝对长沙地区的关注和重视。利苍惠帝二年至吕后二年（公元前 193～前 186 年）任轪侯。故"轪侯之印"当为公元前 186 年利苍死时的随葬印。此印铜质鎏金，龟钮，边长 2.2 厘米。有人推测，当时利苍死时，长沙炎热，仓促下葬，故印章文字草率，与汉初精工的印风相去甚远。

西汉中期

西汉中期即武帝时期，是两汉最为强盛的时期。如果说汉初印章在格式字体上还受到秦代印风的强烈影响的话。那么，武帝时期，已完全形成汉代自家风范。武帝两次对官印制度进行改革，对印章发展产生了深远的影响。

太初元年（公元前 104 年），因为汉据土德，土在五行学说中数五，所以二千石以上高官官印都用 5 字。如丞相印曰："丞相之印章"，诸卿和守相印文不足 5 字者，以"之"足之。五字印的使用，使秦和汉初流行的田格印每格一字的法式已不能适用，从而导致界格印从汉官印中退出。

"章"作为印章自名的出现，适用于二千石以上高官，而二千石以下官印仍用"印"自名，这是本朝特色。

元狩四年（公元前 119 年），武帝还颁行了一份关于印制的诏令："今通官印方寸大，小官印五分。王、公、侯金，二千石银，千石以下铜印。"（《汉官仪》），官印的质地、大小形成了规范。

西汉中期，印面一般为 2.3 厘米 ×2.3 厘米，比早期平均值增加 0.1 厘米。西汉一寸合今 2.31 厘米，这与武帝元狩四年对官印尺寸的规定是一致的。

钮式趋向稳定，鼻钮钮面增宽，多在 0.8～1.1 厘米之间，呈覆瓦式，故习称瓦钮。龟钮龟体增大，背部微拱，由俯伏转为略向前倾。龟背周边已加刻环线，但无圈纹。

西汉中期官印印例：

皇后之玺（图 108）

玉质，螭虎钮，边长 2.8 厘米。它是 1968 年在陕西咸阳狼家沟被一名 14 岁的男孩放学回家时在水渠旁偶然发现的。当时小男孩想把印文磨去，让父亲到西安给自己刻个名章。幸而其父作为村干部曾与文物工作者打过交道，略知文物，

图 108 西汉 皇后之玺

将印带到陕西省博物馆（今西安碑林），经鉴定为汉代珍贵文物，遂慨然捐献给国家。现陈列于陕西历史博物馆。1995 年初夏已被全国文物鉴定委员会定为最高级别文物，即"国宝级文物"。

此印螭虎钮，是古代皇帝、皇后的专用钮制。螭虎乃百兽之长，用以为印钮，意在表现帝后对臣下的威风。玉在秦汉官印系统中也是帝后专用印材。我国古代玉矿丰富，产地众多，仅先秦典籍《山海经》中记载的产玉之地就不下一二百处，而其中最负盛名的就是产于新疆的和田玉。和田玉有白、黄、绿、青、墨等颜色，这方"皇后之玺"正是采用了这种世界最好的玉材和田玉，而且又是和田玉中的极品羊脂白玉，其价值之高，略见一斑。作为明清以前唯一的一方"皇后之玺"，在它出土 30 年后，它的主人究竟是谁，还有较大争论。第一种观点也是最流行的观点认为它是西汉著名的吕后用印。持这种观点的人对它原放置何处，也是说法不一。有的认为，它"可能原为吕后陵旁便殿内供祭之物"，并未入土，后在西汉末赤眉起义中便殿被毁，玉玺"被水冲到长陵（高祖刘邦墓）山腰的水沟里，隔了 2000 多年方重新发现。"有的认为，此印不但埋人陵墓中，而且曾揣在吕后怀中，赤眉军攻克长安城（今西安），盗掘吕后墓，并"污辱吕后尸"《后汉书·刘盆子传》，而将玉玺抛出。

笔者看来，认为吕后玉玺陈于便殿，在便殿为起义军焚毁时丢在外面，似有可商之处。当年赤眉军盗掘吕后墓目的在于"取其宝货"（同上），那么便殿中庄重陈祭的"皇后之玺"这样的国之重宝会不引起注意而轻易抛于当地吗？如果玉玺放在便殿，至少也会被起义军带至长安或更远的地方。至于曾揣于吕后怀中的说法，也不合汉人习惯，汉人佩印皆在腰部，不大可能在怀中。

第二种观点认为，此印并非吕后所用，"其上限不会早于西汉文景时期，下限当在武帝前后"或更明确指为武帝时期。其主要基于对印文时代风格的分析。其说曾引起我们的极大重视。但当我们再次冷静分析其观点时，其难以自圆其说的地方极多。首先玉玺发现地与高祖长陵最近，在长陵西南约1公里。长陵乃高祖刘邦与太后吕雉合葬之地。如为文、景、武时期某位皇后之印，就无法解释玉玺为什么发现在长陵附近而非西安东南郊的霸陵（文帝）、长陵东约10公里的阳陵（景帝）以及更远在长陵西50多公里的茂陵（武帝）。其次，持西汉文景说的学者曾举"皇后之玺"与文景时期的"河间玉玺""菑川王玺"封泥印文风格一致来支持其断代。我们也可以说玉玺与西汉初"皇帝信玺"，文字风格一致，与陕西渭南发现之吕后时期"昌平家丞"（图 109）在内在精神上也无异，只是作为皇后这一最高级别的玉印，制作更为雍容精工一些罢了。应该说在吕后至武帝的四五十年印章风格极接近的情况下，如无其他铁证，出土的地点对断定其时代是不容忽视的。

总之，我们认为"皇后之玺"是吕后的玉印，王莽末年为赤眉军盗掘出土，兵荒马乱中又遗落在高祖刘邦与吕后的长陵园区附近。现为首批"国宝级文物"而珍藏于陕西历史博物馆。2013年，拾到"皇后之玺"的孔忠良（图 110）受到陕西省神州文化发展基金会的表彰。

图 109 西汉 昌平家丞　　　　图 110 作者与孔忠良（右）合影

文帝行玺（图111）

1983年6月，风景秀丽的广州市越秀山西边象岗山上，马达隆隆，为修建住宅楼平整地基，推土机已将花岗岩质小山削下17米。突然，推土机推开一块沉重的大石板，石破天惊，沉睡了2000年的汉代南越王被惊醒了。

墓葬由前后室及耳室侧室等组成，全用大石块砌筑于象岗山腹心地下20米处。其主人身着玉衣，身上发现8枚印章。其中最大的即是这方"文帝行玺"。印为金质龙钮，边长3.1厘米，通高1.8厘米，重148.5克。这是目前所见最大的西汉金印，也是考古发掘中唯一见到的一方帝印。另外7方是："泰子"龟钮金印、"泰子"覆斗钮玉印、"赵昧"覆斗钮玉印、"帝印"蟠龙钮玉印及3方素面无文的玉印。

南越国是西汉初以越族为主，带有很大独立性的割据王国。前面说过，汉初中央对其北邻长沙国格外重视，即为的是制衡南越国。高祖十一年立赵佗为南越王，吕后时，赵佗悍然自号南越武帝。建元四年（公元前137年），其孙赵昧继位，僭号文帝，他大约死于元朔至元狩间（公元前128～前117年），"文帝行玺"当为他的殉葬印。由于南越国偏安岭南，印章仍用汉初界格之制，表现出时间上的滞后性。它参照汉帝六玺之制，而钮制及超大的规格（比同时期汉代官印大0.6厘米，比汉初"皇后之玺"大0.3厘米）表现出对汉廷权威的蔑视。

该墓除南越王赵昧身佩8印外，在殉葬的姬妾、侍从等身上还发现佩印14方，另外还发现35块封泥。在全墓发现的20多方玺印中有金、鎏金、铜、玛瑙、水晶、绿松石、玉、象牙等各种质地，反映出汉代印章的广泛使用和人们对它的高度重视。

图111 西汉 文帝行玺

图112 西汉 石洛侯印

石洛侯印（图112）

金质龟钮，边长2.3厘米。根据《史记》和《汉书》，石洛侯为城阳顷王之子刘敬，于武帝元鼎四年（公元前113年）获封，征和三年（公元前90年）因罪被诛，在位24年。其龟钮形制为西汉中期标准品，是汉代列侯得受金印制度的珍贵实物。

此印清嘉庆年间在山东日照北乡出土，一时印坛为之雀跃。后，印为诸城鉴藏家李仁煜购得，十分珍爱，只以印拓数份赠予友好，实物秘不示人。光绪中，吏部侍郎汪鸣銮（1839～1907年）督学山东，得知金印藏于李仁煜处，不觉心猿意马。恰巧李的女婿正要应试，有求于汪，遂乞岳父以印为献。李仁煜视此印如生命，平时连印蜕都不轻易与人，何况真印呢？但不给又不行，万般无奈中只好偷偷复制一纯金赝品冒充原印献上，真印仍秘藏家中。现该真印已入藏中国国家博物馆，可谓"得其所哉"！

西汉晚期

即汉昭帝至西汉末。此期官印风格基本为前期的延续，变化不大。在印文体势上，西汉中期的那种略带弧形的笔画渐渐衰退，笔道趋于平直、整齐。结体更为方正。龟钮圆浑精细。瓦钮钮面加宽，印台增厚。

西汉晚期官印印例：

淮阳王玺（图113）

玉质，覆斗钮，边长2.3厘米。其主人是宣帝子刘钦一系的淮阳王。刘钦封于宣帝元康三年（公元前63年），传三世，至王莽时废。按汉制诸侯王当用金印龟钮，此为殉葬印，故未遵当时印制，但其印文方正宽博，不失为西汉晚期官印

图113 西汉 淮阳王玺

代表作。

此印为陈介祺旧藏，其来历说来有几分可笑。据说当年陈的儿子入京会试，但在京华无心复习功课，耽于声色犬马。结果自然是名落孙山，一败涂地。他自知无颜见江东父老，万般无奈中，想到父亲嗜印如命，于是托人购得"淮阳王玺"，胸有成竹地返回山东老家。刚一进门，果然饱读诗书、满腹经纶的陈介祺对儿子考试未中怒不可遏，以致要杖责这个有辱门风的不肖子。儿子急忙献上玉印，自称"万印楼主"的陈介祺见到这方莹润可人的玉印，爱不释手，儿子一看有门儿，赶快对陈介祺说这是他在京城特意用400两银子购得孝敬父亲的。陈介祺转怒为喜，夸奖儿子有眼力，印章一点也不贵。儿子没过得考官大人的关，却巧妙地过了印迷父亲的关。现在此印已是中国国家博物馆的镇馆之宝。

新莽时期

西汉末年，朝廷无道。身为刘汉外戚的王莽注意韬光养晦，笼络人心，取得了地主官僚的拥护，于是由"安汉公"到"假皇帝"，终于在8年，一脚踢开刘氏政权的招牌，成了"真"皇帝，改国号为"新"。此后，王莽"大刀阔斧"，进行了一系列托古改制。由于没有按经济规律办事，引起了一片混乱。然而，他的改制给当时印章制度留下了鲜明的时代烙印。另外，由于王莽对知识分子的重视，当时科技颇为发达，所以莽印铸造的精工、印文的婉丽曲劲向来得到印家一致肯定。

莽印存今约170余方，于此许多学者都进行了不同程度的研究。其中故宫博物院叶其峰先生的《新莽官印鉴别例》、香港中文大学王人聪先生的《新莽官印汇考》堪称莽印研究的压卷之作。现择其要者对莽印的特点作简单介绍：

①王莽对官名、地名多加改动，出现了一些特有的爵号、封地名等。由于他朝令夕改，据说当时有些地方一连5次改名后，连当地百姓也说不清自己住的地方到底叫什么了，真是古今奇谈！不过所有这些却成为我们识别莽印的重要依据。如"魏部牧贰印"（图114），"魏部"为新莽州部之名。文献记载王莽托古改制，依《周官》《王制》，州下置部。部的长官称部牧，也曾改称部监。正是由于王莽"政令日变，官名月异"（《后汉书》），连某些著名的历史学家、玺印专家也曾误认为部牧、部监为部的两个长官。"贰"为部牧的副官。同样也是王莽依西周古制把汉代的"牧副"改成"牧贰"。王莽时期特有的地名、官名告诉我们这是一

个莽印。

②王莽颁发少数民族的官印首字都为其国号"新"。主权意识下,更露出几分"天朝上国"的骄狂。另外,两汉颁发少数民族官印多为驼钮、羊钮,可能与少数民族的经济形态有关,而王莽时期则"内外无别",一视同仁,少数民族官印与中原印制一样,多为瓦钮,少数为龟钮。如"新前胡小长"(图115),是颁给归降匈奴小长的官印。

③官印都为标准正方形,长宽一致,秦汉以来官印长宽不一致的现象不见了。官印尺寸统一在2.2厘米×2.2厘米至2.4厘米×2.4厘米之间,印台厚度一般为0.8厘米。

④官印绝大多数为铜印,金印只见"新保塞乌桓莫犁邑率众侯印"一例(图116),银印有"五威司命领军"(见图9)等。

⑤钮式有鼻钮、瓦钮和龟钮等,铸制极精。如龟钮一般钮高在1.2~1.4厘米之间,龟足五趾张开,作爬行状。龟背有回纹、多角纹,甲边有圆圈纹。颈足亦有细线刻纹。龟背隆起,脊线呈弧圆状或近椭圆状,如前举"五威司命领军"印。

⑥印文多为5字或6字(图117),不见4字,可能与王莽迷信三统五德终始说有关。篆法匀整婉畅,婀娜而不失遒劲。

图114
魏部牧貳印

图115
新前胡小长印

图116
新保塞乌桓莫犁邑率众侯印

图117
巨鹿鄳陶属长

⑦在印章自名的运用上，沿袭西汉传统，二千石以上称"章"，二千石以下称"印"。但钮制却相当混乱。

熟悉新莽官印的这些特点，我们就可以准确鉴定莽印真伪。如1987年台湾故宫博物院举办了"故宫历代铜印特展"。其中有"就武男家丞"印（图118）注明为"王莽官印"。此印最早见于清乾隆时代的《金薤留珍》（1751年）中。"男"为王莽拟古推行的五等爵官名之一，5字3行排法也为莽印法式。但此印有四伪：第一，莽印边长皆在2.2~2.4厘米之间，此印边长仅1.79厘米，显然偏小。第二，莽印"男"字皆作左右结构，此印作上下结构，字法不合。第三，此印"家"字宝盖头。"丞"字左右两笔皆误刻，文字写法大谬。第四，莽印风格典丽，结构以方为主，笔画婉通舒展，刀法犀利流畅。此印结构以圆为主，疲弱无力，刀法闲散，篆刻风格相违，故为伪印无疑。

东汉早期

新莽政权在短短15年的喧嚣之后，便在民怨沸腾中化为历史的陈迹。但其印风却较深刻地影响了东汉初年，故东汉早期官印亦和新莽官印一样，较为工饬考究，只是少了一些流转，多了一些方直。印文起笔收笔多补切一刀，使笔画略呈燕尾状，这是东汉初官印印文的一个特点。印章略有增大，印台也有所增厚。鼻钮钮体变宽变厚，钮穿变小。龟钮龟首渐长，龟体渐高，纹饰趋于粗率。

东汉早期官印印例：

朔宁王太后玺（图119）

1954年修建宝成铁路时在陕西略阳阳平关发现。此印阴文龟钮，通高2厘米，

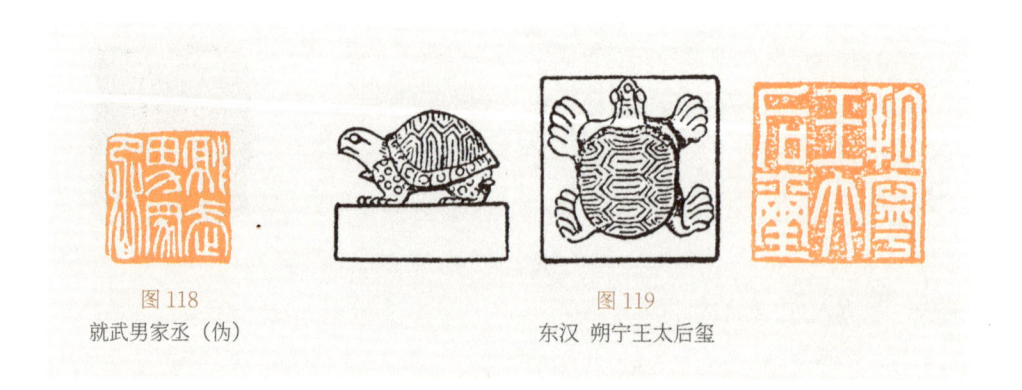

图118
就武男家丞（伪）

图119
东汉 朔宁王太后玺

图120 东汉 广陵王玺

边长2.3厘米（过去皆误作3.3厘米），纯金铸造，重180克。现藏重庆市三峡博物馆。

秦始皇起，"玺"成为皇帝专用。至汉代尺度放宽，皇后、诸王、王太后也可享此殊荣。但东汉以前，"玺"字还沿袭战国以来传统，从土不从玉。到了东汉，玉作为帝后印材为人们普遍接受，"玺"字渐渐改为从玉，而"朔宁王太后玺"为玺字从玉之始。

这个朔宁王太后究竟是谁呢？

根据《后汉书·隗嚣公孙述列传》记载：新莽之末，天水纪成人隗嚣任更始帝的御史大夫，后亡归天水，招聚其众，自称西州上将军。不久以迎击赤眉军有功，受到刘秀倚重。龙兴六年（公孙述年号，30年），叛投在益州（今四川）自立为天子的公孙述手下。翌年，被封为朔宁王。此印即公孙述颁授隗嚣之母的玺印。后光武帝刘秀讨伐隗嚣，隗嚣在略阳与东汉大将来歙（读如西）大战，后携妻儿败走西城（今陕西安康）。龙兴九年（33年）忧愤而死。玺印的发现地阳平关是略阳通往安康的必经要冲。推测隗嚣携母败逃中，其母惊恐疲惫而死，金印于是随其母仓促葬于阳平关，故此印为31～33年间，隗嚣之母朔宁王太后的实用印。此印印文圆淳典正，篆法工稳，铸造精良，为万计汉印中不可多得的精品，而且是明清以前唯一可见的"王太后玺"实物。

广陵王玺（图120）

1981年2月24日，江苏邗江甘泉砖瓦厂工人陶秀华在该厂轮窑附近偶然发现。此地距汉广陵王刘荆墓仅百米之遥。

刘荆是东汉光武帝刘秀的第9个儿子，于永平元年（58年）徙封广陵王。后以谋犯事败，永平十年（67年）自杀，谥为思王。其墓曾遭盗掘，金印即发现于堆放盗洞内填土和乱砖的地方。若非苍天有眼，我们差一点永远看不到它的卓然风采。印现典藏于南京博物院。

此印边长2.3厘米，印台厚0.9厘米。龟钮，纯金，重123克。印文方正饱满，三实一虚的布局形成强烈的朱白对比，一派毋庸置疑的皇家气象。

东汉晚期

东汉晚期，宦官专权，统治阶级内部钩心斗角，政治腐败，社会动荡不安，小规模的农民起义此起彼伏，未曾间歇。地方豪强也在乱世中广募散兵游勇及失去土地的农民以为部曲，小者结寨自保，大者称雄一方。于是乎此期发现军旅官印很多，数量也很大。如1981年河南孟津汉魏洛阳故城东北一次发现"部曲将印"63方，同文同范。更有甚者，1972年同在这一兵家必争之地一次发现中低级武官印797方（还不包括已散失者），当年"兵荒马乱"可见一斑。也正是由于这些原因，此期官印印文多为凿刻而非铸造，草率粗劣，小小的印章已折射出几分乱世气象。

东汉晚期官印举例：

军曲侯印（图121）、**军司马印**（图122）、**假司马印**（图123）

图121 军曲侯印　　图122 军司马印　　图123 假司马印

这些印章是 1972 年 3 月，洛阳孟津农民在育红薯苗筑火炕时发现。当时有一窖印章，埋在距地表 0.6 米深的一个圆坑内。后经征集，共得 797 方官印，这批印章边长 2.4～2.5 厘米，印台厚 0.9 厘米，皆为鼻钮。其中印文有 6 种，分别是：部曲将印（3 方）、别部司马（11 方）、军曲侯印（64 方）、军司马印（20 方）、军假司马（80 方）、假司马印（619 方）。据研究，这批官印可供 10 个将军的所有军官使用。可能是在战争中由于仓促未及启用便埋入地下。埋印者或死于疆场，或远走他乡，再也没能回来，故这批印章在地下一直沉睡了两千年。关于这些武官的关系简列下表以示：

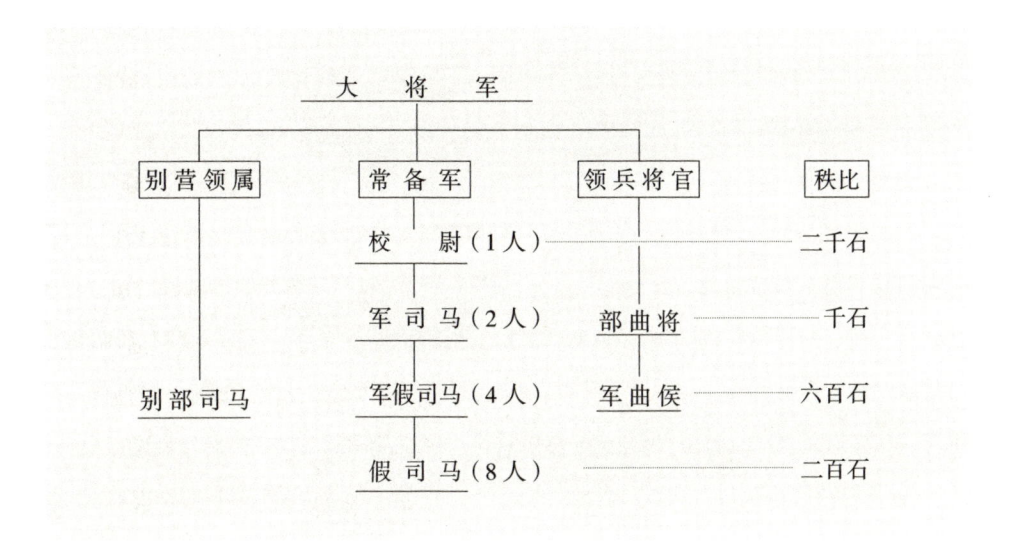

```
                    大  将  军
         ┌────────────┼────────────┐
     别营领属       常备军        领兵将官         秩比
                     │
                   校  尉（1人）─────────── 二千石
                     │
                   军司马（2人）    部曲将 ─── 千石
     别部司马         │
                   军假司马（4人）  军曲侯 ─── 六百石
                     │
                   假司马（8人）─────────── 二百石
```

天下归心——汉颁少数民族官印

在几千年的华夏文明史进程中，以汉族为主体，与周边诸多少数民族不断交流融合，终于形成今日 56 个民族组成的繁荣和睦的大家庭。现在全国 56 个民族都是由古代民族直接或间接发展而来，诸多民族共同创造了我们足以自是的中华历史和文化。在历史上，各民族在政治、经济和文化等各方面相互影响，他们之间既有礼尚往来的友好交往，也有兵戎相见的矛盾斗争，更多潜移默化的相互融合，凡此种种，组成了曲曲折折中国历史的一个重要侧面，影响着中国历史发展的进程和国家民族的命运。

两汉时期的一些重要的少数民族，多已与汉族融合，故今天提起他们的名字时，已相当陌生，令人有不胜沧桑之感。虽然他们当年也时常与汉廷发生尖锐矛盾，甚至大打出手，然而当我们抚摸着一方方当年汉朝中央颁赐给他们的印章，唤起的更多的是民族友好的美好回忆。

匈奴是中国汉代北方最强大的少数民族，它东接朝鲜，西达中亚，南抵今陕西北部、宁夏内蒙古一线。匈奴使用的官印基本是汉代中央朝廷颁发的。赐印匈奴是汉朝斗争与怀柔相结合的民族政策的一部分，对安抚匈奴上层，保证边境安宁确也起过积极作用。汉赐匈奴官印主要对象有3种人：①匈奴割据政权的贵族及上层官吏，如"汉匈奴姑涂墨台耆"印。②与汉联合征伐其他少数民族的匈奴上层，如"汉匈奴破虏长"印。③降附归义的匈奴首领，如"汉匈奴归义亲汉长"印。而匈奴接受汉廷颁印，也是他们身份和势力的象征，十分荣耀。

西汉中期以前，匈奴拥兵自重，与汉朝分庭抗礼，汉初皇帝多以遣女和亲和重礼馈赠为权宜之计。武帝之时，国力已强，雄才大略的武帝刘彻连续3次大规模出兵北伐，卫青、霍去病等纵横大漠草原，威震敌胆。此后，匈奴气焰有所收敛。汉宣帝时（公元前73～前49年），匈奴呼韩邪与兄郅支单于争位，败走，附汉称臣。甘露三年（公元前51年），宣帝在甘泉宫亲自接见呼韩邪，并赐黄金官印，此为汉廷赐印匈奴之始。可惜西汉赐匈奴官印今天我们已看不到了，不过王莽新朝及东汉赐匈奴官印我们还能见到约20方。这些官印首字或加"新"（王莽国号）或加"汉"，较一般汉官印更加精工，反映着汉廷对"民族工作"的重视。

新莽赐匈奴官印主要有现藏日本的"新前胡百长"和现藏北京故宫的"新前胡小长"（见图115）两印皆为瓦钮。至东汉，汉颁匈奴官印结合匈奴以游牧为主的特点，改成以驼钮为主。

此时匈奴分裂成南北两部，其中南匈奴八部归附东汉，内迁今陕北一带，成为汉朝北部边境的藩属和屏障，此举也给他

图124 东汉 汉匈奴恶适尸逐王

图 125 汉匈奴恶适尸逐王（伪）

们更多学习中原先进文化的机会。南匈奴的官印由中央朝廷颁发，"汉匈奴恶适尸逐王"（图 124）印即为其一。

此印边长 2.3 厘米，驼钮，铜质鎏金，现藏日本有邻馆。"恶适"可能为匈奴部落名，"尸逐"为南匈奴官号。

说来也巧，1971 年西安永红路菊花园百姓盖房子时，发现一罐古代印章，内藏 10 余方汉、唐、金、元公印。不同时代的古代公印集中一次出土，还是十分罕见的。其中也有一方"汉匈奴恶适尸逐王"印（图 125）。印面 8.9 厘米 × 8.6 厘米，通高 5.3 厘米，花岗石质，上雕有卷草束腰状鼻钮。此印曾引起两位资深历史学家、考古学家极大兴趣，并分别著文研究。关于他们对印文的考证，我们并不想去评说孰是孰非，此印的真伪首先大有问题。第一，古代官印至汉代已臻成熟定型，边长在 2.3 厘米左右，相当于当时 1 寸。隋唐以后印章改为主要钤于纸素，印章方猛然增大。此印边长近9厘米，数倍于正常汉官印。汉官印传世及近年出土者其数逾千，绝无一印类此者。那么，此印是否有如有的专家推测的那样是"南匈奴自刻自制"的可能呢？《汉书·匈奴传》记载，王莽时曾改西汉所赐"匈奴单于玺"为"新匈奴单于章"，匈奴单于对此大为不满，特派骨都侯来汉，强烈表示"愿得故印"，易印之举甚至导致北方边塞战云密布。可见匈奴对汉赐官印珍若拱璧，斤斤于一字之更改，自刻仿制的可能性极小，且无意义。如可能，也只会严格按汉制尺寸、钮制、质地复刻，绝无数倍于汉官印之可能。如其决意叛汉，又无仿刻汉印的必要。第二，两汉颁给匈奴、鲜卑、羌等少数民族官印见诸《秦汉南北朝官印征存》者凡六十有二。其中除一为羊钮、一为瓦钮外，其余60方皆驼钮。如有邻馆藏"汉匈奴恶适尸逐王"印即是。可见汉时中原朝廷颁发少数民族官印一般为驼钮。两晋十六国沿袭此制。此印为"卷草束腰状鼻钮"不合汉制，也不见于其他朝代，当是好事者根据古官印鼻钮"创造性"发挥的。第三，此印为花岗石质，与汉制不符。汉官印以铜质最多。石质官印有玉石、滑石两种。玉石如前述为帝后专用高级印材，滑石印见于汉代南方（如长沙）少数殉葬印。堂堂匈奴王印断无以粗劣花岗石为质材之可能。第四，仔细对照两印我们会发现，石印"汉"字刻错了。汉朝廷颁发少数民族特别是如匈奴这样的头号少数民族官印，是一件十分慎重之事。以泱泱大国天下主宰自居的大汉帝国，绝无以错字为印颁发少数民族侯王之可能。如果连自己的国号"汉"字都刻错了，岂不让文化水平不高的匈奴笑我朝中无人！若是匈奴自仿，汉颁匈奴官印不在少数，只有8个字的王侯之印，匈奴工匠仿刻还不致仿错，也不敢仿错。第五，纵观传世及出土汉朝颁发少数民族的几十方官印，多字体工整，结构谨严，力感充盈，不愧汉印之典范。而此印结构松散，线条疲软，汉印雄强工致之神韵荡然无存，仿刻水平是较差的。

据说包括此印在内的这批古印窖藏，当年出土时是盛放在一个罐中，可惜我们未见此罐，更无从以其佐证这批窖藏的埋入年代。但收集古印之风萌生于宋代，复苏于明末，而隆兴于清朝和民国。从这批窖藏古印的种类及"汉匈奴恶适尸逐王"印的制作刀法考察，此窖藏可能是晚清或民国埋入地下。而此匈奴印可能是因这批古印的主人嗜古成癖而仿刻，或收藏他人的仿制之品。

在西北诸族中，还有著名的羌族。他们原主要分布于河湟地区，以后又向四川西北、青海南部迁徙。西汉时，中央已在西羌聚居的河湟地区设置郡县，以隔绝羌、胡（匈奴），并逐渐把内附或俘虏的羌族徙于河西、陇右诸郡。东汉时由于统治阶级对西羌压迫剥削的加重，羌人不断反抗。在羌人的起义被镇压后，他们被强行迁入内地的甘肃、宁夏、陕北，甚至关中和河东地区。至东汉末内迁西北诸郡的羌族成为割据西北的地方势力倚恃的主要力量。如起家于西北的董卓、马腾父子等军事集团都拥有大量羌兵。他们先后率羌兵进入内地，逐鹿中原，使原河陇羌族内徙陕西关中等地与汉人杂处。另外，留居河湟、青海、甘肃和四川西北的大批羌人仍保存其原有的社会组织，处于原始社会末期发展阶段。东汉末年，他们也成为西北割据势力争取和掠夺的对象。

汉廷颁发羌人的官印也不少。主要是颁给归附羌人首领和在参与汉朝军队征伐其他少数民族的羌兵首领。如"汉破虏羌长"（图126）、"汉归义羌长""汉归义羌百长"等。

鲜卑是起源于东北的落后游牧少数民族，南匈奴和乌桓相继归附东汉王朝之后，鲜卑各部也遣使通好。54年，鲜卑大人于仇贲率其部落诣阙朝贺，慕义内附。光武帝刘秀封他为王。东汉政府还收买鲜卑部落上层，专门对付与汉廷作对的北匈奴，甚至采取按人头论赏的方法，鼓励鲜卑寇掠北匈奴。东汉末，鲜卑大人檀石槐曾统一大漠，建立了一个尽据匈奴故地的强大军事联盟。檀石槐竭力吸收汉族的先进文化技术，从中原地区收买铁制兵器。檀石槐死后，鲜卑各部又陷入各自为政的局面中。但是由于汉廷对鲜卑人的招安和内迁工作颇为重视，从遗世鲜卑官印和文献看，慕义归化的鲜卑部落还是很多的。汉颁鲜卑官印在罗福颐先生早年所辑《待时轩印存》中就录有"汉归义鲜卑王""汉鲜卑率众长"（图127）铜质驼钮印两方。

乌桓本为东胡一支。汉初匈奴灭其国，余类保乌桓山，因以山名为号。其族俗善骑射，

图126 汉破虏羌长

图127 汉鲜卑率众长

图128 汉保塞乌桓率众长

图129 汉归义蛮邑长

图130 越青邑君

性格剽悍。随水草放牧，居无常处。西汉设乌桓校尉。东汉初南匈奴归附，乌桓也向东汉政府表示臣服。49年，辽西乌桓各部首领922人带着众多奴婢、牛马及弓箭、虎豹貂皮，入洛阳朝贡。其中81位大小酋长自动内留，刘秀封他们为侯王君长，使率众戍守北方10个边境郡县。他们在边境广招乌桓族人内附，加之长于骑射，在对付北匈奴和鲜卑侵扰，保障东汉北方边塞的安宁，起到了十分积极的作用。故存世乌桓官印中多有"保塞""率众"之语，如"汉保塞近群邑君""汉保塞乌桓率众长"（图128）、"汉乌桓率众长"等驼钮铜印。由于乌桓各部世代为东汉戍守边疆，实际上成了东汉一支世袭边防军。直至魏晋，乌桓铁骑仍名闻天下。再往后，由于乌桓长期与汉人友好混居，其封建化过程也趋完成，渐渐与汉族完全融合了。

上面我们简单谈了古代北方匈奴、鲜卑、乌桓等3个少数民族的历史及其官印，下面再看看古代南方的少数民族。

两汉时代，南方散居着许多少数民族。其中在湖南的沅江、湘江流域是槃瓠诸部，由于地域不同，又细分为武陵蛮、零陵蛮、沣中蛮、长沙蛮、溇中蛮等。在川东湖北一带是禀君诸部，被称为巫蛮、沔中蛮、江夏蛮等。因为这一带是当时的巴郡和南郡的管辖地区，所以又称"巴郡南郡蛮"。对蛮族集居的地区，秦汉以来即已设置郡县，但在蛮族内部大多还保留着部落组织，由君长统率。

上海博物馆藏有"汉归义蛮邑长"（图129）印，边长2.2厘米，驼钮。从此印钮式及方正率朴的印风看，当为东汉中晚期之物。从前面的叙述可以看出，两汉颁发少数民族的官印往往有以下几个特点：第一，首字多有"汉"字，以标明封建国家至高无上的权威。第二，颁发族属明确。如前举"汉匈奴恶适尸逐王""汉归义鲜卑王""汉乌桓率众长"。第三，赐给为朝廷征战有功的少数民族首领印多用"率众""率善""破虏"等词。对归附或原先对抗而后降服的少数民族首领多赐以带有"归义"字样的官印。结合历史，西汉末，汉人大量流入湖南，与蛮人杂居。东汉初，为重新控制流亡人口，与武陵蛮爆发大规模武装冲突。老将伏波将军马援再次披挂出征，统率4万精兵，经过苦战，终于平定了武陵蛮的反抗，他本人也实现了他"马革裹尸"报效国家的誓言。东汉顺帝永和元年（136年）和桓帝元嘉初（151年），由于统治阶级的盘剥，沣中、溇中、武陵、长沙诸蛮先后揭竿而起，聚众反抗。但又先后被武陵太守李进、应奉采用怀柔安抚、分化瓦解的方式予以平定。此印很可能就是在这两次斗争中，汉廷颁给降服蛮人头领的官印。

越族是中国古代南方的一个少数民族，早在春秋时代就建立有强大的越国。到西汉初年在东南沿海地区建立有南越、闽越、东瓯、东越几个割据政权。汉武帝时，他们分别为汉朝军队攻破瓦解。为了彻底解决东南边陲的安全问题，武帝甚至不惜釜底抽薪，将东越、闽越整族内迁至江淮间。不过还保留着他们原有的部落君长制度，并给他们赐印。现在见到的"越青邑君"（图130）、"越贸阳君"印，即西汉武帝给这些内迁越族君长的官印。与东汉颁发给少数民族官印不同，这两方印皆为当时通用的瓦钮，而不是驼钮。另外，因为几个越族政权已经消亡，

图 131 西晋 晋率善氐仟长印　　　　　　　　图 132 西晋 晋率善叟仟长印

所以给内迁后的越族头人印章也不像东汉那样特意加上个"汉"字。

上面我们列举了两汉给5个少数民族赐印的情况。其实当时周边少数民族还很多，见于官印者还有卢水胡（如"汉卢水千长"印）、賨（读如崇）族（如"汉归义賨邑侯"印）、氐族（如"汉归义氐百长"印）、丁零族（如"汉丁零千长"印）、叟族（如"汉叟邑长"印）等等。在民族大融合的魏晋时代，中央朝廷颁发给少数民族的官印更多。只是首字由"汉"变成"魏"或"晋"（图131）（图132），钮制还是以驼钮为主。所有这些少数民族官印都记录着多民族融合的艰难历程，正是在这种民族融合进程中，生生不息的中华民族不断发展壮大。

东瀛倭奴国的镇国之宝

1784年（清乾隆四十九年），在日本福冈县志贺岛偶然发现"汉委奴国王"印（图133）。金质，重108克，蛇钮。边长2.3厘米，通高2.2厘米。

此印雍容端庄，笔画中间略细，两头齐壮，一笔不苟，铸造极精，为东汉早期典型风格。但因其钮为蛇钮，当时还没见过中国古代官印中有用蛇钮之例，故以后200年间，日本学术界对其看法颇不一致。或以为古代中国颁发，或主张古代日本倭奴国自制，或认定为江户时期好事者伪造。1956年，云南晋宁石寨山考古发掘出土西汉武帝时期的"滇王之印"（图134），此印即为蛇钮。1980年，

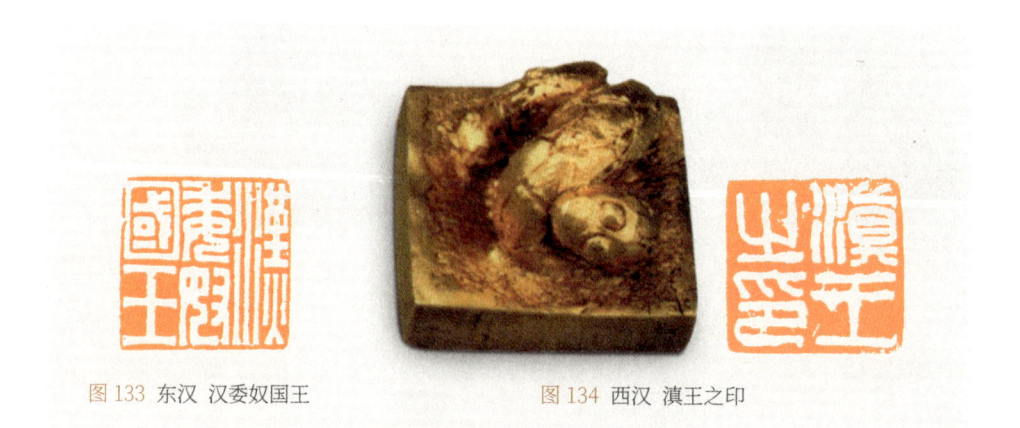

图133 东汉 汉委奴国王　　　　　　　图134 西汉 滇王之印

江苏发现东汉光武帝刘秀时的"广陵王玺"（见图120），其时代、质地、大小、印文风格与"汉委奴国王"印十分相似，从而证明此印为真品无疑，而且可能就是史书记载汉光武帝颁发的金印原物。作为研究日本古代史和古代中日关系史首屈一指的珍贵文物，此印被奉为日本"国宝"，珍藏在九州福冈美术馆中，而且当年印章的出土地还建起了"金印公园"供人凭吊游赏。

此印在史书中有明确记载，《后汉书·光武纪》云：57年，"东夷倭奴国遣使奉献"，同书《东夷列传》更明确记载："建武中元二年（57年），倭奴国奉贡朝贺，……光武赐以印绶。"志贺岛金印"委"字通"倭"。倭奴国位置即在金印出土地，今日本九州北部的福冈县境内。它隔对马海峡与汉朝在朝鲜半岛设置的乐浪郡相望。据《后汉书·东夷列传》记载，1世纪的时候，日本列岛有上百个小国并存，其中30多个通过设在朝鲜半岛的乐浪郡与汉朝有联系，倭奴国即为其中之一。当时它有人口两万余户，属于较大的国家。由于海上交通的便利，倭奴国得以率先遣使通过乐浪郡至东汉都城洛阳，得到东汉政府的册封，为古代日本走向国际化迈出了最为可贵的第一步。从"汉委奴国王"印文和史书上看，当时倭奴国自愿奉汉帝国为宗主国的，东汉政府也像给匈奴等边疆少数民族首领颁发"汉匈奴恶适尸逐王"之类官印一样对待倭奴国。

从"汉委奴国王"印回溯俯瞰日本历史，中日友好确实源远流长。秦朝时，迷信长生的秦始皇就曾派徐福率三千童男童女入东海为他求取长生不老药。徐福一去不返，据说到了日本。过了四百多年，至三国时。他们在日本"世世相承，有数万家"（《后汉书·东夷列传》）。

三国之时，随着外洋海运的进一步发展，又有大量中国人移居日本。当时曹魏名将司马懿已讨平了割据辽东的公孙渊，并攻占了汉朝在朝鲜半岛设置的乐浪、带方两郡。睿智的日本邪马台国女王卑弥呼继倭奴国之后，抓住时机，马上遣使渡过对马海峡，从朝鲜半岛至洛阳向魏明帝（226年～239年在位）朝贡。日本使团在洛阳受到很高礼遇，魏明帝颁诏："制诏亲魏倭王卑弥呼……汝所在逾远，乃遣使贡献，是汝之忠孝，我甚哀汝。今以汝为亲魏倭王，假（赐给）金印紫绶……"还赐给铜镜、五尺刀、帛锦、金器等物，并封日本使团团长难升米为"率善中郎将"，副团长牛利为"率善校卫"，赐银印。非但如此，次年（240年）又派人随日本使团去到日本，将诏书、金印赐给卑弥呼（详见《三国志·魏志》），分封颁赐礼仪级别同于国内亲王。卑弥呼借助东亚第一大国的声威，提高了邪马台国在日本列岛的地位。

247年，邪马台国与狗奴国发生摩擦，身为"亲魏倭王"的卑弥呼遣使到宗主国魏带方郡求救。带方太守王颀马上派张政前往调停。从景初三年（239年）至正始八年（247年）8个年头里，邪马台国派官员三次访问洛阳，一次访问汉朝设在朝鲜的带方郡，魏官员也两次访问邪马台国，两国交往之频繁，关系之密切，实为日中友好之可贵篇章。

从频繁的交往过程中，日本古国中形成了一个庞大的、持有宗主国中国朝廷颁发官印的强权阶层。这种对职官合法化以及最高认同的渴望，无形中导致他们对中国颁发官印的崇拜，使得这些印得以世代相传，成为传国重宝。然而历史上中国赐日本的诸多古印也随沧海桑田的变迁早已化为历史的陈迹而湮没在历史长河中。但作为中国首次颁发日本的"汉委奴国王"金印竟在1700年后奇迹般重返人间，真所谓"吹尽黄沙始到金"了。

东晋、南朝，日本遣使至中国首都建康（今南京），史不绝书。隋大业四年（608年），倭国特使小野臣妹子（"小野"为氏，"臣"为姓，"妹子"为名）率团至东都洛阳访问，所呈国书有"日出处天子至书日没处天子无恙"云云，虽隋炀帝阅罢颇为不悦，但日本不甘附庸的主权意识毕竟已经觉醒了，130年前倭王武在致宋顺帝的表文中以臣下自居的谦卑态度已一去不复返了。在6世纪晚期以来高丽、百济乃至新罗都分别接受隋"辽东郡公""带方郡公""乐浪郡公"等封号的情况下，日本毅然采取独立自主的外交路线，反映了大和民族自立自强的可贵精神。

到唐代，武则天以日本"地近日出之处"（《新唐书·东夷列传·日本国》），"其国在日边，故以日本为名"（《旧唐书·东夷列传·日本国》），在中国皇帝的诏书中第一次正式有了"日本"这个国名，日本终于争取到来之不易的平等，中日关系揭开了新的篇章。

清末，著名学者外交家黄遵宪出使日本，手抚两千年前祖先颁赐日本的这方"汉委奴国王"金印，思接千年，慨然赋诗曰：

避秦男女渡三千，

海外蓬瀛别有天。

镜玺永传笠缝殿，

尚疑世系出神仙。

原注"日本传国重器有三：曰剑、曰镜、曰玺。"寥寥数语，浓缩了日本人民珍爱汉玺和中日两国世代友好的悠久历史。

玄虚神秘的道教印章

当人类的智慧和力量尚不足以抗拒来自自身及自然的挑战时，往往寄希望于想象中的超自然力量——天帝神灵，以求逢凶化吉，遇难呈祥，这是人类的一种正常的心理需要，古往今来，概莫能外。

东汉末年，宦官外戚专权，民不聊生。沛国丰（今江苏丰县）人张陵以替人治病为名进行传道，因入道者都要纳米五斗以为活动经费，故名五斗米道。五斗米道的创立标志着滋生于中国本土的唯一重要宗教道教的正式创立。

道教的远源有二：一为中国古代宗教，主要是自然崇拜和民间巫术，一为老子开基于关中的道教学说。其近源也有两个：一个是战国至两汉十分流行的方术，另一个是两汉流行的黄老之学。

后来张陵之孙张鲁以陕西汉中为中心建立起原始道教的独立王国。215年，为曹操所灭。以后，五斗米道民众多迁居关陇、洛阳、邺城等地。道民心中的"理想王国"消失了，但道教反而因此扩大至全国。

张鲁政权不同于一般封建割据政权，施行政教合一，不置长吏，而以道教组织的各级祭酒主管政务，教民诚信不欺。

道教有一整套教规教仪，如有类似于教主的师君持九节杖为符咒的等等仪轨，带有神秘的迷信色彩。反映在印章上，东汉末年出现了大量的道教厌胜印。存于今世的主要有4字的"黄神越章"（图135）、"天帝使者""天地神师"，5字的"天乙北辰章"，6字的"天符地节之印""高皇上帝之印""黄神使者印章""天

地杀鬼之印"，7字的"大山武帝神仙印"，8字的"皇天上帝制万神章"，9字的"黄神越章天帝神之印""郭北十亭天严煞鬼章"等等。钮制为东汉晚期通用的瓦钮和龟钮。

汉人对这些道教厌胜印章的威力传得神乎其神。说凡入山林的人，必佩"黄神越章"之印。以这类印章在自己所住之所的四周钤盖封泥，则虎狼之类的猛兽也会退避三舍，不敢靠近。在山川社庙，如有血食鬼神作祟，以印封泥，断其道路，则神怪祸害便会失去神力。详见道教理论家晋人葛洪（284～363年）的《抱朴子·登涉篇》。

图135 汉代 黄神越章

厌胜印的作用是否有如此之神，也许只有那些虔诚的道徒知道。由于当时道教在广大贫苦农民中颇有市场，对这类道教以为可以避邪的神奇之印需求很大。于是当时有人专门从事铸造销售之事，印章文字都成批做好，道民可随意选购，系佩于身上。由于制造者和佩用者的文化水平都很低，这类印章较同期官私印都粗糙一些，常有减损妄增甚至谬误之笔。但作为宗教在印章文化中颇为少见的珍贵遗物，对我们了解古代印章的厌胜功用及早期道教组织仪轨还是有重要意义的。

丰富多彩的汉代私印

与大小用字相对统一规范的官印相比，私印成为汉代印工自由驰骋玄思妙想的广阔天地。其格式、用字、大小变化丰富，致有印家谓："史在官印，艺在私印。"即官印以史学价值为重，私印以艺术价值见长，此说不无几分道理。

西汉早期的私印，继承秦印遗风，一般印面较小，常用田格或边框。以后界格边框使用渐少，出现了臣妾印和两面印，而且有时二者往往合二为一。臣妾为旧时男女的自谦之称。王献堂先生考证，有姓名的一面用于平行文书，有臣字的一面则施于上行文书。如1955年广州华侨新村西汉早期墓出土的两面印"梁奋、臣奋"（图136）。此时姓名之下有的加"印"或"之印"，大小多在1.1～2.3

图 136 西汉 梁奋·臣奋　　图 137 西汉 窦绾·窦君须

厘米之间。此间玉印和鸟虫篆印都已成规模，因其质材和书体导致的印章风格的特殊性，我们后面还会谈到。

　　西汉中期，字画稍趋方折，如"窦绾、窦君须"两面印（图 137）。此印 1968 年出土于河北满城汉墓中。

　　大名鼎鼎的满城汉墓位于满城陵山主峰上，南北平列，属夫妇并穴合葬，古人的合葬并非葬于同一个墓穴中，而是在相近的两个独立墓葬中，所谓"同坟异藏"。墓室开凿在山岩中，其中一号墓的主人即为汉景帝的儿子、汉武帝的异母兄、中山靖王刘胜（公元前 165～前 113 年），三国刘备即为刘胜后代。出土这方铜印的二号墓即为刘胜之妻窦绾墓。窦绾字"君须"。此墓最早为解放军修建军事设施时发现，当时河北正处"文革"武斗最为炽烈的时期，枪声不断，势态紧张。河北省有关部门在秘密向满城派出两名考古学家的同时，急电报告当时的周恩来总理。周总理指示考古学家迅速赶往河北，以郭沫若为顾问。当时 75 岁高龄的郭老其儿子刚被迫害死。为保护考古学家，防止暗器伤人，在解放军的严密警戒下，6 月 27 日，由一名排长率 3 名战士走在最前面探路，后面军医、防化兵、全副武装的战士和考古队员鱼贯而入，正式发掘的序幕揭开了。两墓各用一个多月顺利发掘完毕。刘胜墓全长 51.7 米，刘胜妻窦绾墓（图 138）全长 49.7 米，最宽处 65 米，最高处 7.9 米。工程如此之大，即使用现代方法施工，挖掘如此之大的洞穴也要几百人一年左右的功夫。而二千年前没有现代机械，只用铁锤、铁钎，难度之大，难以想见。

　　窦绾墓以砖封门，在两道砖墙之间灌以铁水，铁墙和砖墙熔铸在一起，是名副其实的"铜墙铁壁"。窦绾墓出土包括金缕玉衣、长信宫灯、印章在内的各种珍贵文物 1200 多件。窦氏卒于武帝太初元年（公元前 104 年）之前，窦氏两面印

图 138 西汉 窦绾墓

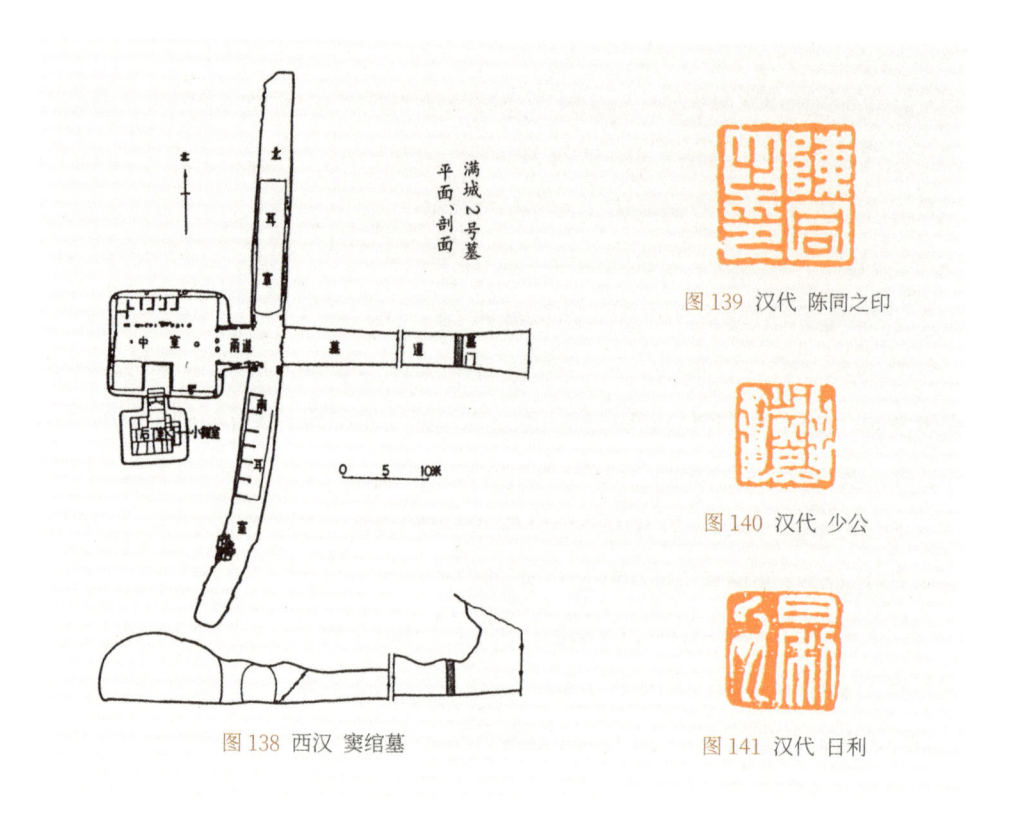

图 139 汉代 陈同之印

图 140 汉代 少公

图 141 汉代 日利

成为西汉中期难得的断代标准器。

西汉中期还出现了朱白相间印和文字与图像印和四灵印等。

印文设计中,往往遇到过繁或过简的文字在一起难以统一协调的矛盾。汉人巧用朱白相间的方法解决了这一矛盾,有时猛眼一看,莫辨朱文白文,饶有兴味。此类印按朱文、白文的字数多少不同,又可分为:一朱一白、一朱二白、二朱一白、一朱三白、三朱一白、二朱二白(图 139)等等。

图文合璧的印章也是汉人一大创造,印文与图案既相区别,又相融合,十分别致。

如"少公"印(图 140),左边为一白虎,代表西方;右边为一青龙,代表东方。龙虎的尾部交于底部,文字包于中央。文字的方整与青龙白虎的象形在对小小的印面空间进行了饶有意味的形式空间分割后,浑然一体,为单一的文字印送来一股清新之风。又如"日利"印(图 141),右边"日利"二字为汉代常见吉语,表达着对富裕的真诚向往；左边一仙鹤，顾盼多姿，寄托印主对生命久长的渴望。

西汉晚期承袭前期作风，只是朱文印有所增多，白文印更趋方挺。

如同王莽官印的精工和典丽一样，新莽私印在整个两汉之中也以工致和篆法精妙见长。与西汉官私印往往大小风格上有一定区别不同，新莽私印有些与官印十分接近，如1971年，西安永红路菊花园发现一印章窖藏，其中"司徒中士张尚"印（图142）即是莽印。"司徒中士"为王莽遵《周礼》而重新采用的周代古官名。

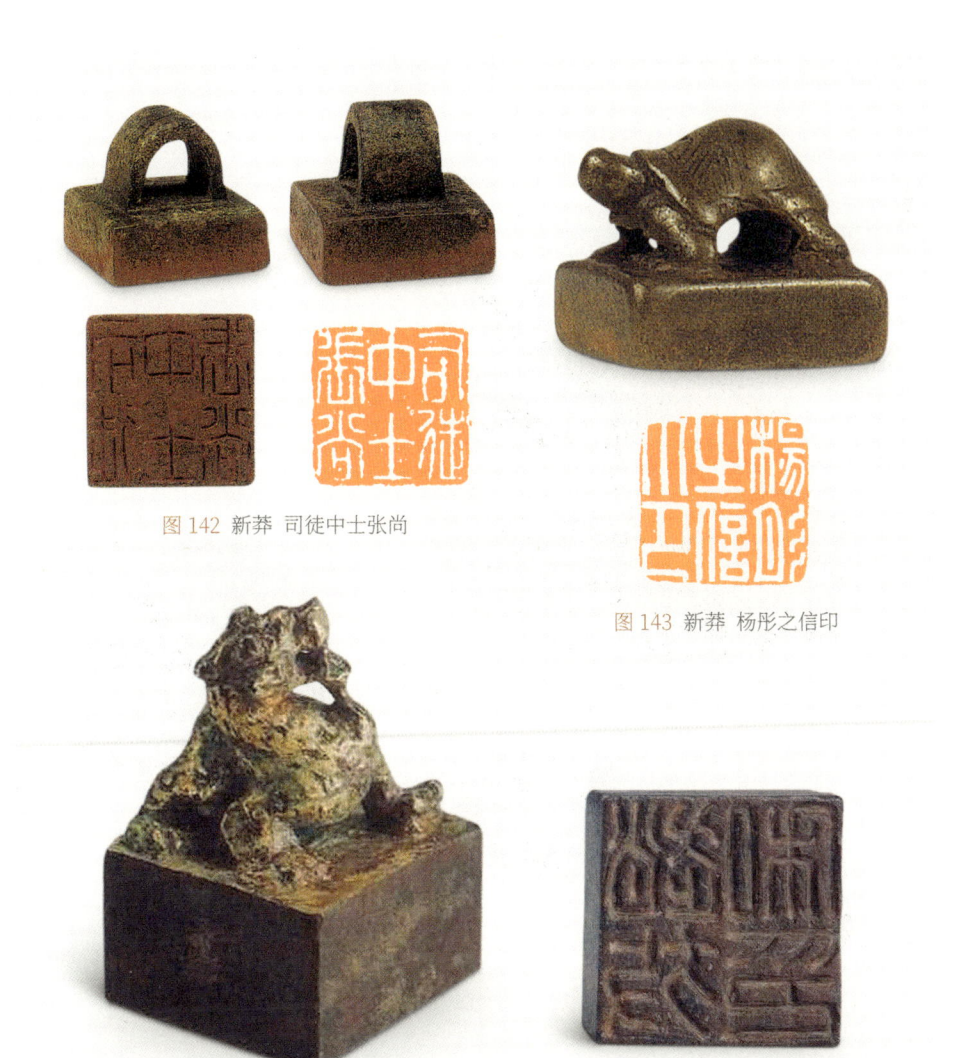

图142 新莽 司徒中士张尚

图143 新莽 杨彤之信印

图144 新莽 赵放私印

汉代规定，官吏升迁或死亡，印、绶皆应交还。官职高者死时，朝廷可能重赐原官印的仿制品作为殉葬之用。而官位不高者，难享此殊荣，家人竟仿刻原官印又有"私刻公章"之嫌，于是官名后并缀姓名以示明器，这实在是一个两全齐美的高招。另外与官印大小颇类的新莽私印，如"杜嵩之信印""杨肜之信印"（图143）等。当然王莽时期也有一些私印尺寸远小于官印，但同样精美典淳，如陕西

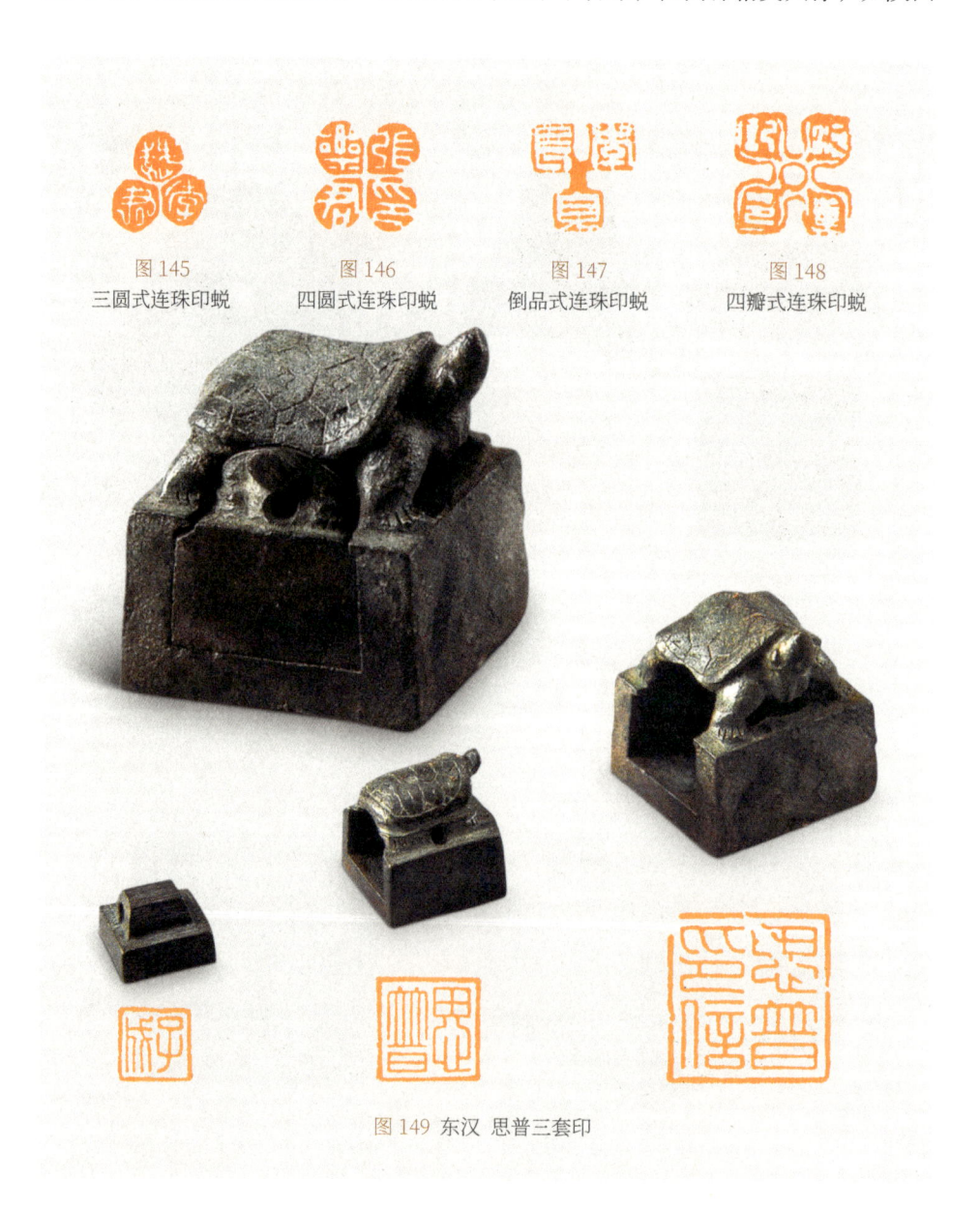

图145 三圆式连珠印蜕

图146 四圆式连珠印蜕

图147 倒品式连珠印蜕

图148 四瓣式连珠印蜕

图149 东汉 思普三套印

图150 东汉 甘棣言事套印　　图151 东汉 赵式三套印

新莽墓葬中出土的"颜音""王忠之印"以及辟邪钮"赵放私印"（图144）等等。

降至东汉，一方面印章形式日见丰富，印面除方形、长方形、圆形外，还有一些极为别致的形状，如连珠印中的三圆式（图145）、四圆式（图146）、倒品式（图147）、四瓣式（图148）等。另一方面印章钮式日趋精巧，工艺高超，其中各式套印（图149）（图150）堪称翘楚。如陕西大荔县出土的这套三套印（图151），铜质，辟邪钮。辟邪是古代传说中的一种神兽，似狮而又有翅膀，据说能辟御妖邪。全印通高3.8厘米，边长2.1厘米。母印阳文曰："赵式印信"，子印钮为一小辟邪，文曰"赵式"，子印内又有一鼻钮小印，文曰"平文"，当为赵式的表字。全印层层相套，极富巧思，印文办精，为汉朱文印中精品。赵式同时还有另外一套型制完全一样但印文篆法有所不同的三套印，反映出当时人们对印章的珍爱和应用的广泛。

东汉私印也有刻凿草率的一面，有些印章篆法有走下坡路的趋势，笔道方直，缺乏圆厚之姿，印艺已露颓倾端倪。

冰清玉洁的汉代玉印

中国是世界上唯一具有博大精深玉文化的国度，更是"比德于玉"，唯一把人文思想凝聚在玉这种特殊物质中的国家。"古之君子必佩玉"，战国以来，佩玉之风兴起，故而有身份的人以玉为印，兼收比德取信之功，可谓一举几得。

玉印初兴于战国，鼎盛于两汉。此间玉印存今逾500方，其中汉代最多，战国次之，个别为秦代（图152）。这个数字仅占同期存今玺印总数的百分之一强，这与玉材的珍贵不易得和加工难度高紧密相连。

战国之时，玉印虽然已不罕见，但琢制技术还不成熟，笔道多保留着琢磨的自然形态，笔画多呈中间宽两头尖的柳叶形。如战国楚玺古玺"陈玉"（图153）。

古人治玉，旧传多以一种锋利无比可以"切玉如脂"的"昆吾刀"刻成，另外还有用药软玉、用药治刀的说法，其实皆不足据。玉的硬度很高，只有在近世炼钢技术比较发达后，钢的硬度更高，以刀刻玉才成为可能，而且也绝非一般工匠和篆刻家敢于问津。古今琢玉主要采用一种比玉坚硬的解玉砂（玉的硬度一般为6度，解玉砂的硬度在6.5～7度左右），通过轮轴带动磋磨工具旋转琢磨而成（图154），笔画很自然就成为柳叶形。其工作原理有类现代的牙科医生补牙修牙用的牙钻，而且现在有些篆刻家就是用牙钻琢磨玉、玛瑙之类的硬质印料。

至汉代，社会的高度文明，玉器制作工艺提高，使得玉印的使用也达到了峰巅。由于它特殊的材质和琢磨方法，玉印的钮制、印文的篆法、印章的布局、篆书的线条形态都形成了与同期铜印颇不相同的一些特点。

秦汉时代，由于等级制度的严重桎梏，玉印在官印系统中被严格限于帝后专用，如西汉的"皇后之玺"（见图108）、南越王的"帝印"等。但在私印方面则未见限制，故得以大放异彩。

普通汉代铜质私印多加"私印""之印""印信"等，以凑足4字，故文字多为正方形。玉印可能是由于材料坚硬难琢，故多为两字，文字多呈竖长方形，这正契合于小篆修长婀娜的特点。同样由于玉材坚硬，故玉印线条一般都不如汉铜印线条宽厚，这就形成了汉玉印修美颀长的特征。加之玉石坚硬而无锈蚀之虞，更使其如美人之文静凝练。

图 152 秦 姚缑

图 153 楚 陈玉

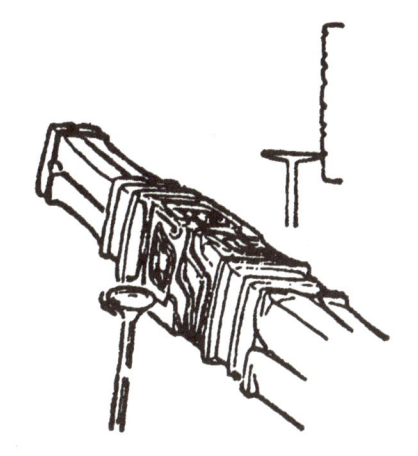

图 154 古代琢玉示意图

图 155 汉代 刘疵

图 156 覆斗形钮

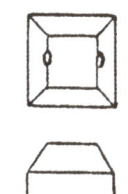

汉代琢磨玉印水平已十分成熟，线条不再像战国玉印线条一样中间粗两头尖，而是方起方收，善始善终，细而不弱。结体方圆相济，沉着流畅。全印静中有动，方中喻圆，绝无转折苦涩生硬之弊。仔细观察一方好的玉印，每一笔道多有一定曲度，罕见僵直笔画，暗合老子"大直若曲"的说法。

两字玉印一般以字画多少而占地大小不同。如"刘疵"印（图 155），"刘"字有 5 条竖画，"疵"字有 7 条竖画，故"刘"稍右让，以与"疵"字安然相处，全印篆法精美，工艺高超，舒卷自如，如骨肉停匀的女子，秀而不弱，沉静逼人。

此印 1978 年发现于山东临沂一坍塌古墓中，边长 2.3 厘米，高 1.6 厘米。覆斗形钮。汉代玉印多采用覆斗形钮（图 156），这也是玉印一大特色，可能与玉质坚硬，这种形状远比龟钮之类简洁，容易加工有关。玉印在汉代恐非显宦富豪不能有。刘疵墓中就发现有玉面罩、玉帽、玉手套、玉袜等珍贵文物。从诸多随葬

图 157 皮聚（伪）　　图 158 汉代 皮聚（真）

品风格看，刘疵当卒于西汉武帝时期。《汉书》记载有"倾侯刘得疵"，此公是否即刘疵，我们还不能确说。但从出土金丝玉面罩等看，他为汉代宗室侯王当无问题。

汉玉印清峻畅达、曲劲洁静的风格素为印家称道，"汉玉印"几乎成了这种风格的代名词。后人学习追求者甚多，但能得其神韵者并不多见。如我们在整理西安碑林博物馆馆藏古玺印时见到"皮聚"一印（图 157），玉质，覆斗钮。初一上手，钮制、玉材都合汉法，但印文总有一些说不出的不适之感。后读吴大澂《十六金符斋印存》（1877 年）时，发现其中也有"皮聚"玉印（图 158），恍然大悟，俗话说："不怕不识货，就怕货比货。"碑林所藏当是伪印。可能是后人见到原印，喜其清峻谨严，仿刻了一方，后当真印收入碑林。与真印相比，伪（仿）印线条疲弱，汉玉印方起方收。婉通匀整的笔道特征荡然无存，转折生硬，缺乏含蓄。也许我们不能指责伪仿者水平太低，而是汉人制玉印水平太高，后人想达到其高度太难了。

鸟虫乎？文字乎？——鸟虫篆印漫谈

看到图 159，图案盘曲神秘，如虫蛹动，其间又有鸟头顺盼打望，您也许会感到十分好奇，而又大感不解，这到底是虫形鸟迹，还是篆书文字呢？真让您猜着了，您说的都对，这方印章上的文字正是汉代颇为流行的鸟虫书。

鸟虫书出现于春秋战国时期，最初可能主要用于书写幡信。幡信即一种书写有文字的帛素，像符节一样，用以传命执信。不过，这类东西不易保存，现今存世的最早鸟虫书文物主要是南方吴越的个别高级兵器，如越王勾践、吴王夫差的几柄短剑。

到了深受浪漫诡秘的楚文化影响的两汉时期，鸟虫书更为盛行。它以汉缪篆为基础，加以美化花写，并把鸟、虫、鱼、凤等形夹杂其间，形成一个琳琅满目的浪漫世界。汉代印人化直为曲，以方为圆，穿插盘曲（图159）（东汉鸟虫篆"淳于定国"银印），在方寸天地里尽情挥洒驰骋着自己无尽才思。透过绵密复杂绸缪缭绕的虫形鸟迹，识别出印文的本来面目，每每引起观者的极大兴趣。这也正是鸟虫书的魅力所在。

也许鸟虫书过于浪漫难识，与庄严神圣的实用官印距离太大，不但官印中绝无使用，即使在私印中也是凤毛麟角，存今两汉鸟虫书印不过400余方，约为同期存世印章的百分之一。而其中最负盛名者，莫过这方"婕妤妾娋"（图160）玉印了。

此印用最好的羊脂玉制成，雁钮，文字纤巧精美。由于文字难识，早年被误释成"妾赵婕妤"，几百年中人们一直认为它是中国古代最著名的美人西汉成帝的皇后赵飞燕的印章。

赵飞燕，天姿国色，身轻如燕，据说能作掌上舞。故得专宠后宫，封为"婕妤"，当时地位就很高，视上卿，比列卿。一人得道，鸡犬升天。因为女儿的原

图160 汉代 婕妤妾娋

图159 东汉 鸟虫篆"淳于定国"银印

因，其父也被成帝封为成阳侯，真可谓皇恩浩荡了。后来赵飞燕被成帝立为皇后。成帝死后，又被哀帝尊为皇太后。哀帝死后，她毒害成帝诸子的事件被揭露，被迫自杀。由于她的传奇经历，文人墨客吟咏不绝，唐代就有多种《飞燕外传》行世。也许赵飞燕实在太美了，当年李白在大唐长安宫中乘酒兴作《清平调三章》，其中第2首借赵飞燕，以赞扬杨玉环，其诗曰：

一枝红艳露凝香，

云雨巫山枉断肠。

借问汉宫谁得似，

可怜飞燕倚新妆。

不料受到李白脱靴戏弄的高力士为报一箭之仇，乘机在杨玉环前诽谤说："（李白）以飞燕比娘娘，贱之极矣！"从此李白终身不得重用，一生壮志难酬。其实以赵飞燕比杨玉环之美，并不委屈这位贵妃，"环肥燕瘦"历来就是中国人对女性两种不同美丽形态的最高赞赏。

如此风流美人的印章，自然引起人们的极大兴趣。北宋年间，玉印一出土，即为宋徽宗的驸马、大收藏家王诜购得。元明间，又转入顾阿瑛（1310～1369年）金粟山房。明末为权相严嵩强占，后为富甲天下的收藏家项子京（元汴）天籁阁庋藏，再转锡山华氏真赏斋。清乾隆年间又为钱塘李日华购得。当时李日华大喜过望，在其《金石屑》中兴奋地记下："余爱慕十余载，购得，藏十六砚斋。"后来此印又为嘉道著名学者龚自珍（1792～1841年）购得。根据《寒秀草堂笔记》记载，龚自珍是不惜血本，用一本宋拓《夏承碑》和500两银子换得此印。宋拓《夏承碑》同样是珍贵善本文物，随意出手便可得金数百，如此这方玉印价值千两白银，真可谓"登峰造极"了。龚定庵重金购印在当时传为佳话。清末名著《孽海花》第二回中即提及此事，原文是："肇廷道：'莫非赵飞燕的玉印吗？那是龚定庵先生的收藏，《定公集》里还有四首诗记载此事。'"

定庵以后，玉印转手于大书法家何绍基、潘德舆、大收藏家何昆玉，继入最负盛名的玺印收藏家陈介祺的十钟山房。陈介祺藏印号称万方，但对此印情有独钟，人若要此印印蜕，一张即白银10两，几乎为普通百姓全家一年的开销，价格之高，令人咋舌。

也许我们不能过分埋怨诸多大收藏家的偏爱，这方鸟虫篆玉印实在太精美了，赵飞燕的魅力也太有诱惑力了。有清一代，只有冷静严谨的经学大师孙诒让（1848～1908年）出语惊人："至王晋卿属之飞燕，近人又或疑为钩弋，咸臆定无征。"孙老夫子实在是一语中的。此印实际上与赵飞燕毫无关系，是历史与收藏家开了一个不小的玩笑。收藏家释其为"妾赵婕妤"有3个致命错误。首先，"娹"字误读为"赵"。其次，读序颠倒，应左起竖读，作"婕妤妾娹"。最后，对古代臣妾印不太了解。前面讲汉私印时，我们说到汉代流行臣妾印，妾为当时妇女的自谦之称，与帝后夫妻关系无涉。此印应为一个名叫"娹"的汉代女官（婕妤）的印章。

虽然如此，也并无损这方印的价值，它的鸟虫篆之精美，玉材之高贵，做工之工致，都堪称万计汉私印中的极品，历代藏家重金竞藏都是颇具眼力的。

此印现已为故宫博物院珍藏。

道在瓦甓——汉代的封泥与印陶

在前述战国封泥时，我们已对封泥的发现、封泥的价值作了简单的介绍。但战国封泥我们只能见到拓片。近年发现的大量秦封泥，我们也仅仅看到封泥的泥块，并没有发现封检的实物。所以对封泥的具体操作使用方法还主要停留在猜测阶段。汉代烽燧、墓葬中发现了一些封泥使用实物，直接回答了我们对封泥使用的诸多猜测。

古代封缄而使用封泥主要有三种方式。

第一种，使用封闭性的封泥匣或木牍封缄，这在西北的居延、尼雅遗址和湖南长沙马王堆汉墓中都可以找到其实物。检上刻有方槽，封泥四周完整呈规则方形，其方法如图所示（图161），其封泥形态如"皇帝信玺"（图162）。1996年下半年，长沙一个三国古井出土简牍数万片，时代多为嘉禾元年至六年（232～238年）。其数量之多超出全国各地已出土的简牍数量的总和，对于文献极少的三国史研究，其价值不言而喻。其中发现的封检与（图161）所示极似，为研究三国、两汉封泥

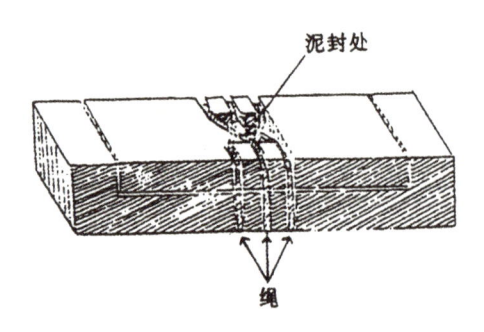

图161 汉代 封泥匣示意图

图162 西汉 "皇帝信玺" 封泥

图163 西汉 "轪侯家丞" 封泥

图164 西汉 "少府" 封泥

图165 西汉 "轪侯家丞" 封泥

使用又添珍贵实例。

  第二种，印槽中间截去一半，两侧洞开。按入的封泥，与上下木边相接，平直整齐，左右两边外沿呈自然形状，如我们在马王堆汉墓中发现的"轪侯家丞"封泥（图163）。

  第三种，不用封泥匣而直接以泥封于简绳上，封泥周边常见以手指拢按封泥的痕迹。封泥多圆平如瓶，如"少府"（图164）。

  在1995年，西安出土的大批秦封泥刊布之前，存世的约3000方封泥中绝大多数为汉代封泥，汉封泥传递的有关汉代职官、地理方面的史学信息早为陈介祺、吴式芬、周明泰、王国维、陈直、罗福颐等许多印学家著书论述，亦为秦汉史学者广泛引征。补史、证史之功，昭然可见。历史学家眼中的这份历史遗产，在篆刻家眼中又转换为令人神往的艺术宝藏。下面我们仅举几例。

"皇帝信玺"（见图162），1898年最早著录于《封泥考略》中，为印学大家陈介祺旧藏，后流入日本，现藏日本东京国立博物馆。战国印章多自名为玺，"秦以来，天子独以印称玺，群臣莫敢用也"（蔡邕《独断》）。而且从秦开始玺字基本从战国左右结构定型为上下结构，结体由战国的率意灵动而变为庄严雍容。秦、西汉一寸约合今公制2.31厘米，秦汉百官印章基本如此，变化不大。此封泥实测内径边长2.6厘米。从咸阳发现的西汉皇帝级别的"皇后之玺"看，其边长2.8厘米。由此可证皇帝御玺大于百官用印，从此亦可窥见帝王天下独尊的心理。此封泥印文风格与西汉初的"皇后之玺""文帝行玺"完全一致。封泥四周宽阔，显然使用了封泥匣。从西安最新发现和刊布的数千方秦封泥看，尚不见封泥匣痕迹，故从其风格和使用痕迹看，此当为西汉初皇帝御玺的封泥。史家艳称的秦始皇传国玺700多年前已不见了踪影，文献记载汉帝亦有六玺，皆玉质螭虎钮。印文分别是：皇帝行玺（以报王公书）、皇帝之玺（以劳王公）、皇帝信玺（以召王公）、天子行玺（以报四夷）、天子之玺（以劳四夷）、天子信玺（以召四夷）。但无情岁月也把汉帝六玺淹没于历史长河中。有幸的是，汉初"皇帝信玺"封泥得以传世，使我们对秦皇汉武手中具有千钧之重的御玺有了想象的科学依据。

此封泥钤按郑重，极好地再现了原印的风采，端庄婉丽中流露着一种不容置疑的庙堂之气。篆法圆转暗含小篆婉通之势，转折处圆中寓方，正中清人论印语"转折需有意，似圆非圆，似方非方，能者得之。"两笔交接处，如"信"字单人旁左笔，"皇"字最上两笔，虽出铸造，毕现笔势。今人虽于"印从书出"见解不一，但篆刻必须借鉴书法似不应有何问题。

"轪侯家丞"（图165），1972年，长沙马王堆一号汉墓出土，其主人为卒于汉文帝十二年稍晚的第一代轪侯利苍之妻。该墓出土文物极多而精，其中诸多"轪侯家丞"封泥为我们研究汉初封泥的风格和使用方法提供了可贵的第一手材料。家丞是列侯的管家。印文右侧逼边，左、底两侧离边较远，上边已尽残虚，底边虚中仍存厚重之意。一些笔画的间断与"丞"字下部的肥笔，使全印在气息的舒意贯通中仍不失雍容圆润。

图166　　　　图167　　　　图168　　　　图169
"居室丞印"封泥　"汁邡长印"封泥　"五原太守章"封泥　"平原大尹章"封泥

"居室丞印"（图166），此封泥见于《封泥考略》，无田格，按"居室"西汉武帝太初元年（公元前104年）更名为"保宫"，此当为太初前物。此证武帝太初元年前后秦式田格官印已为汉式无界格官印完全取代。"道在瓦甓"的一代篆刻宗师吴昌硕以一杆钝刀横扫印坛千军，其高浑苍茫的印风深深得益于封泥艺术的滋养。他曾说："刀拙而锋锐，貌古而神虚，学封泥者宜守此二语。"从此封泥看此直道破封泥三昧之语，刀不拙则无高古气息而易陷于流滑俗媚；锋不锐则难得方劲神韵而易失于板滞臃肿。封泥多边厚字紧，如无边缘之剥蚀间距及印文的残虚，则变得滞闷压抑。

"汁邡长印"（图167），此封泥方劲圆转，乃西汉封泥之典范。封泥证史向为金石学家所乐道。"汁邡"县名，《汉书·地理志》不载，唯益州广汉郡有什方县。《后汉书·郡国志》广汉郡下又作什邡。《晋书》《宋书》《南齐书》皆如是。此封泥出，可证什方、什邡均为"汁邡"之误。《隶辨》王君平乡道碑及武都丞吕国题名均有汁邡县名，可为封泥佐证。

"五原太守章"（图168），《汉书·地理志》记载，"五原郡，秦九原郡，武帝元朔二年（公元前127年）更名"。官印称"章"创制于武帝太初元年（公元前104年），而官印用5字也始于此时。当时以印章质地、钮式等区别尊卑之法于简牍封检的封泥上无法显示，故用字数相别，亦为印文用5字的重要原因。从出土的大量封泥看，当时5字印章限于二千石以上高官。此封泥篆法流转谨严，其边宽厚，故不必使印文逼边而留出较宽距离以避拥塞，下部边距又相对较大，使印文产生上升感。

"少府"（见图 164），少府是主管山泽陂池税收的机构，此为西汉封泥。印文拙中藏巧，天真烂漫。转折憨厚稚气，"府"下"付"部轻重俯仰颇见错落之美。边线似圆还方，并不像习见的封泥边斑驳破碎，圆润中暗含起伏节奏。

"平原大尹章"（图 169），王莽时期封泥，《汉书·王莽传》记载，14 年，王莽托古改制，古怪的官名和地名虽在当时造成不少混乱，但却成为我们识别莽印的绝好依据。"大尹"即西汉的郡太守，印文清丽工致。

"阳安长印"（图 170），西汉、东汉官印较难区分，封泥与玺印相表里，所以明确鉴别两汉封泥亦非易事，今人多依特殊的官名、地名及字的写法为标志。《后汉书·郡国志》记载阳安县属汝南郡。汉代万户以上的大县，长官叫县令；万户以下的小县，长官叫县长。汉印"长"字写法变化较为清楚，可为断代参考。东汉中晚期及以后左下角为"巾"，形作"县"，如此方封泥。新莽及东汉前期左下角为"士"。一般说，东汉官印较西汉更为方一些。从以上实例看，此封泥为东汉中晚期遗物。此印字形平正，有静肃端重之感。

汉代的印陶经战国之绚烂而归于平正，较战国印陶之奇崛错落，略有单调缺乏变化之憾。

"居室"（图 171），取自西汉板瓦。《汉书·百官公卿》少府属官有居室令丞，武帝太初时改名保宫。前举西汉封泥"居室丞印"可相互印证，此居室令署用瓦系太初前（西汉早期）之物。此印陶方正，笔画斩钉截铁，不加雕饰，为汉缪篆作风。

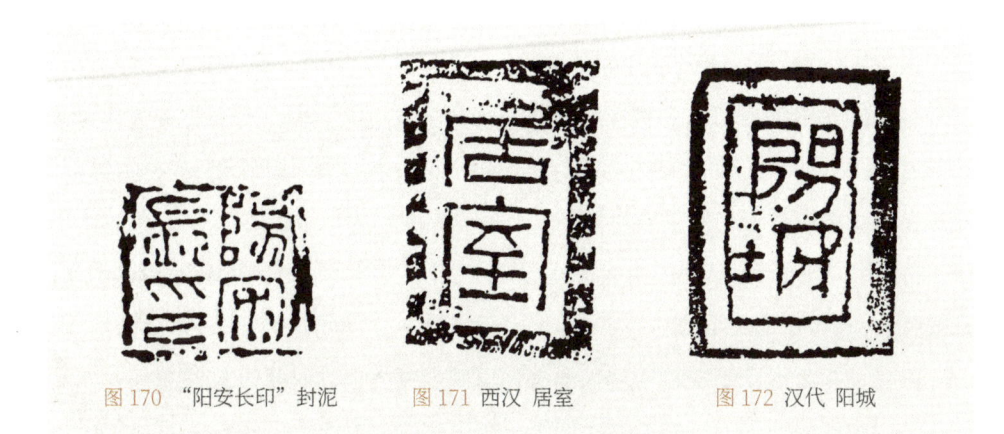

图 170 "阳安长印" 封泥　　图 171 西汉 居室　　图 172 汉代 阳城

"阳城"（图172），取于河南登封告成镇阳城遗址出土之汉代筒瓦。印文篆中已寓隶意，横平竖直中穿插以大幅度极富形式感的弧笔，显得十分稚拙，匠心独运，颇见意趣。

"日利千万"（图173），汉代商品经济的发展，较直接地影响到人们的一些思想意识，汉印中常见的"日利""日利千万"吉语印等折射了这一社会变化的轨迹。此印为了填满印面，在较为疏简的"日""千"空当处加入了"※"等图饰，这也是汉人自由而富于创造的表现。

图173 汉代 日利千万

琳琅满目的世界——汉代肖形印

以图形入印发端甚早，至少陕西扶风发现的西周凤鸟纹印（见图58）已是名副其实的肖形印了。早期的肖形印可能与印章的祖型——给陶器拍按纹饰的印模拍子有关。有些学者甚至认为殷墟出土的禽玺（见图53）已是肖形印了。不过我们认为禽玺是字，不是肖形印。

肖形印发展到汉代，进入它的鼎盛时期，内容除了青龙、白虎、朱雀、玄武、鹿、马、凤、鱼、鹤、獬豸等神异动物外，还有人物、车骑、建筑等（图174）。

汉帝国是中国封建社会第一个物质文化高度发达的时期。对长生、吉祥、快乐的追求，使他们对世界上的万事都充满了深深的眷恋，所以，无论是在汉赋、汉画，还是在小小的印章上，对所有世间的一切都热情地铺陈、描绘、渲染。就印章来讲，画像印（肖形印）从来没有像汉代那样兴盛，鸟飞鱼跃，虎啸凤鸣，楼台错落，杯觥弦歌，在印章这大不盈寸的小小天地中编织了一个热情浪漫、琳琅满目的世界。

汉代动物肖形印多取材于瑞兽异兽，反映着汉人向往长生吉祥的思想。如汉代肖形印中鹿纹很多，当时就有"鹿者乐也""鹿来禄至"的说法。肖形印中鱼纹也是重要题材，而且鱼常与鸟相配。这种题材可以追溯至新石器时代中期河南仰韶文化发现的画于一陶瓮上的鹳鱼石斧图。汉代大儒董仲舒谓："《书》曰：'白鱼入于王舟，有火复于王屋，流为鸟。'此盖受命之符也。"可见最早鱼鸟图可能与神秘的图谶有关，是一种吉祥之兆。到了汉代寻常百姓已淡忘了它为王者之符的本意，把它单纯看作一种喜闻乐见的吉祥象征了。这种题材在汉代画像石中也十分多见。又，"鱼"与"余"音同，象征年年有余，十分吻合汉人对富裕享受的追求，所以，鱼纹还时常单独出现在汉画像石、汉代铜洗（一种盆）上，印章上更多，而且常与汉代"日利"之类的吉语同铸于一印，对幸福生活的向往可谓执着。

车马出行在陕北、山东、豫南、四川汉画像石（砖）中常常见到，什么类型的车，几辆车，往往与墓主人的身份有极大关系。今天人们往往对从"奔驰"轿车走下来的人刮目相看，面对骑自行车的人却视而不见，古人也是一样。《伏庐藏印》中著录一印，马拉轺车，车上驭手身后安然稳坐着主人，裘马洋洋，好不令人羡慕。

图 174 汉代 肖形印

汉代肖形印主要受到当时佩印之风的影响，用于佩饰雅玩，图个吉利，所以瑞兽形象很多。少数也有避邪功用，如《滨虹草堂藏古玺印》中有一个门楼肖形印，它的另一面即刻道家"天帝杀鬼之印"，其保佑家宅避除鬼怪之扰的用意是明显的。个别肖形印可能还有征信功用。

汉代以后，肖形印就衰落了。明清篆刻兴盛以来，特别是近年以来，历史的巨手终于拂去了笼罩在肖形印上的尘埃，作为文字印占绝对优势的玺印家族中的一枝奇葩，汉代肖形印的雄浑气势与力量、神奇的想象和高度的概括力，独领风骚，又受到人们广泛重视，追仿创新者不乏其人，全国还举办过肖形印大展。许多学者还对古肖形印（特别是汉代肖形印）进行了专题研究，从古今印谱和考古发现中汇集了极有价值的专谱，代表作有王伯敏《古肖形印臆释》（1983年）、康殷《古图形玺印汇》（1983年）、温廷宽《中国肖形印大全》（1995年）等。

从真率雄肆到粗简荒谬的将军印

旧说"天下大事，合久必分，分久必合"，虽说这种"历史循环论"的观点已为马克思唯物主义史学家所批判，但经过两汉约400年的统一，我们确实看到历史果然来到魏、蜀、吴三分天下的十字路口，以后300年间，五胡十六国，魏晋南北朝，国号朝代之多，是中国历史上任何时期都无法相比的。今天对大多数历史学家、考古学家来说，要随口说出这一阶段某一政权朝代存在的时间、国都和皇帝姓名来也是足以令人刮目相看的。

战争的频繁，给我们留下为数不多的官印，其中绝大多数为将官及其属官的印章。这在东汉晚期官印中，已露出些许端倪。故此，将军印的研究几可透视整个魏晋南北朝官印风格的变化。印家又将此期分为魏晋和南北朝两大段。现遵此说并各举一例说明之。

伏波将军章（图175）

1981年咸阳窑店农民掘土发现。现藏咸阳博物馆。边长2.2厘米，铜质龟钮。

"伏波将军"之职，始见于西汉。从西汉至北周得封此职而见于史载者凡十二人，其中最著名者，当推东汉初之伏波将军马援。按当时之制，伏波将军非常设之官，有事则设，事讫则罢，充此职者必善水战。这类有名号的将军通称"杂号将军"，西汉已有杂号将军，东汉末及三国时期大量涌现。至南北朝则进一步膨胀。按照将军制较为完备的晋朝制度，冠军、龙骧、征虏、辅国等将军，可与征、镇、安、平等将军相匹，其次是宁朔、五威（建成、振威、奋威、广威、扬威）、五武（建武、振武、奋武、广武、扬武），再次是伏波、鹰扬、折冲、轻车、虎烈、凌江、牙门、材官等等。这些将军的名号和级品多为十六国南北朝所继承。

经过千年刀光剑影的洗礼，我们从旧谱及博物馆收藏中竟还发现 8 方"伏波将军章"，而咸阳出土的这方"伏波将军章"当为魏晋之物。其钮式龟首较长，龟作匍匐爬行状。与东汉晚期十分近似。印文单刀从下向上冲凿，虽没有了两汉铸印的饱满与雍容，但更多了一些雄肆、酣畅和率意。由于这些将军印多为临时付用而匆匆凿就，篆刻家多简称其为"急就章"。它因为单刀冲凿而表现出的生辣，为刻凿方便而表现出的笔画减省（如"章"字，"立"部中间两点简化为一竖），没有成稿信刀冲刻而表现的文字大小的变化与不均匀排列，以及文字偏上，下部留红的作法等等，都为后世篆刻家推崇备至，而心摹手追。

平远将军章（图 176）

边长 2.8 厘米，龟钮，故宫博物院藏。

平远将军始见于晋代，《晋书》记载有平远将军杨统，另外平远将军赵敖曾为陕西关中保壁 3000 余所推

图 175 魏晋 伏波将军章

图 176 北朝 平远将军章

为盟主，遣兵粮以帮助符竖。南北朝时此官或置或省，后魏平远将军为第四品。

此印较大，印钮龟形呈立状，甲沿突出，龟首平伸。印文笔画平直，笔道较宽，安排紧密，文字乖谬，多不合六书，为北朝官印的代表作。

官印从东汉晚期以来日趋粗简荒率，印章已从两汉的极盛走向衰落，穷极之中又孕育着向隋唐官印的重大转变。

北周"天元皇太后玺"与古代官印的转型

北周王朝（557～581年）系鲜卑贵族宇文氏联合武川军人集团和关陇汉族地主建立的少数民族政权。它以长安（今西安）为中心，东至黄河及河南洛阳一带而与北齐对峙，西抵流沙，北至河套，南控巴蜀、云、贵和汉水流域。北周国祚甚短，仅有25年，凡历五帝，其中第三位皇帝为周武帝宇文邕。提到他，人们自然会想起他禁断佛道的大胆之举。他执政之时，北周有僧侣100万，寺院不下万所，寺院广占良田，不交赋税，严重影响政府的兵源、财源。为了振兴国家，与北齐争雄，574年，他果断下令毁佛。把近百万的僧尼和寺院所属的僧祇户、佛图户编入民籍，把寺院庙产，铜像全部没收，以充军国之用。果敢的"一刀切"使得北周日益强大，3年之后，便消灭了北齐，统一了北方。虽然宇文邕对佛门僧众过于严厉，甚至有点太不近人情，但他执政19年中，对人民疾苦却比较关心，重民兴邦，提倡节俭。遗诏中嘱咐身后丧事从俭，不要像汉代帝王那样建高大的封土（坟丘），也不置陵墓石刻和陵邑。北周皇帝的这种行为在中国古代封建帝王中是极其少见和难能可贵的。

令人遗憾的是，虽然北周帝陵地面没有任何标志，但近年来由于盗墓之风猖獗，陕西咸阳北塬古代陵墓区探眼密布，盗洞随处可见。1993年8月2日，咸阳北塬北周武帝孝陵终没能幸免而被盗，《武德皇后墓志》和"天元皇太后玺"流落民间。1996年，鉴于社会治安的严重问题，全国开展了"严打"斗争，作为全国文物第一大省的陕西，打击盗墓走私等文物犯罪自然成为警方工作的重点之一，于是咸阳市渭城公安分局得到了三年前武德皇后墓文物流散，咸阳民间有一金印的新线索。经过文物派出所6名干警13天周密调查取证，得知被盗文物藏匿于渭城区北杜乡南村村民杜政敏妻岑雪惠家。艰苦细致的工作之后，6月13日晚10时许，杜政敏亲属岑林善到派出所投案自首。稀世珍宝纯金北周"天元皇太后玺"在被盗3年，险遭流失厄运之后，终于又回到国家手中。

"天元皇太后玺"（图177），纯金，印台边长4.45厘米，宽4.55厘米，高1.95厘米。獬豸钮，高2.65厘米，与印台分铸后，榫卯镶嵌而成，通高4.6厘米。金印重800克，阳文。

金印未用秦汉皇后印通用的螭虎钮，而用獬豸钮，獬豸是传说中的一种异兽，马头而有独角，羊身而有龙鳞，牛蹄而有双翼。能明是非、辨曲直、鉴忠奸。据说如果两人争执，在一边冷眼观瞧的獬豸往往冷不丁地冲上去将理亏者顶翻在地。到了清代，主管司法督察的御史及按察使补服前后皆以这种心中明镜高悬的神兽为图案。

图177 北周 天元皇太后玺

"天元皇太后"即为北周宇文邕的皇后，她姓阿史那氏，为北方草原王国突厥可汗（相当于中原皇帝）的女儿。早年可汗将她许配宇文邕，560年宇文邕登基后，便开始迎亲计划。可惜此时可汗又有点反悔之意，使得这件本来欢天喜地的喜事变得异常艰难。别看周武帝在长安搞起改革大刀阔斧，做出裁汰百万僧侣的决定也毅然决然，但对自己倾慕的女子却异常的耐心、温情、执着。在一次次迎亲都被可汗以各种借口拖延敷衍过去后，第8年他还是不屈不挠地又一次派出了庞大的迎亲使团。这一次本来可汗还不想履行诺言，幸亏老天有眼，一阵狂风将可汗大帐刮得无影无踪，可汗认为老天可能已经对他屡屡失信失去了耐心，天意不可违，于是这场长达 8 年的迎亲活动才有了一个圆满的结局。《周书》记载阿史那氏被迎至长安后，宇文邕惊异于她的美貌出众，折服于她的举止有度，封她为"皇后"，元配皇后改称帝后，位在皇后之下。天不假年，隋开皇二年（582 年），一代名后香消玉殒，时年三十有二，遂附葬武帝孝陵。

578 年，阿史那氏 28 岁时，武帝崩。太子宇文赟继位，是为周宣帝。尊阿史那氏为"皇太后"。大象元年（579 年），周宣帝传位给太子宇文衍，自称"天元皇帝"。尊皇太后为"天元皇太后"。第二年（580 年）又尊其为"天元上皇太后"。所以，此印即为大象元年二月到大象二年二月（579～580 年）武帝阿史那氏皇后称"天元皇太后"时所用后玺。

那么为什么北周阿史那氏"天元皇太后玺"在北周亡国后，还得以安然随葬孝陵呢？原来隋代开国皇帝杨坚是北周的外戚，他的女儿嫁给了北周武帝宇文邕长子宇文赟，后来成为周宣帝的皇后。如此，杨坚与武帝及阿史那氏为儿女亲家。杨坚立国后，身为北周国戚的他封周帝为介国公，对原周王室一切旌旗车服礼乐如旧，介国公（原周帝）上书不为表，隋文帝杨坚答表不称诏。在这场"和平演变"中，隋文帝杨坚的这些怀柔手段对安定社会，消弭周王室的抵触势力无疑起到了十分积极的作用。所以隋初阿史那氏死时，杨坚还是以往常的礼仪高规格地将亲家母阿史那氏与亲家公周武帝合葬，于是乎将亲家母在周朝时享有的纯金"天元皇太后玺"一同随葬也就不足为奇了。

重达 800 克的北周"天元皇太后玺"是古代明清以前唯一存今的"皇太后玺"实物。从经济价值上讲，单这块金子价值已要 30 万元。当时文物贩子欲出 160 万元购之，而盗掘窝藏者索价 230 万元，终未能成交。说它"价值连城"也许并不过分。从文物价值上讲，此印应属"国宝级文物"（文物最高级别）。其在印学史研究上也有重要意义。

如前所述，秦汉之时，玺印主要是钤于封泥而非纸张之上。因为在圆捆简册上取得很大平面不太容易，钤印封泥的官印都不大，通常在 2.3 厘米左右，而且，印文都是阴文，盖在泥巴上，凹入的笔道反面凸起为阳文（图 178）（东汉"慎令之印"封泥），甚为醒目。如前举西汉"皇后之玺"、东汉"朔宁王太后玺"，以及现在一般认定的 10 余方北朝晚期北周官印莫不如此。后来纸张运用日广，印

图 178 东汉 "慎令之印"封泥　　　　图 179 隋 永兴郡印

章使用才像今天一样沾印泥（多为红色）钤于纸上，印章逐渐变大，印文也从阴文变成阳文。

但大型朱文官印究竟发端于何时呢？过去，玺印专家罗福颐先生从敦煌经卷上发现朱文"永兴郡印"（图 179），考以文献，认为只有南齐才有永兴郡之设，遂断定此为南朝齐（479～502年）官印。现在看来，文献中隋代曾设置过永兴郡，而且此印印文风格为隋代无疑。"永兴郡印"当为隋印。罗说论据不确。隋唐以前究竟是否已出现大型朱文印，一直是印学界悬而未决的问题。"天元皇太后玺"出土地点明确，又有文献可考，为北朝晚期已有大型朱文官印的铁证。另外，此印印文六字分左右二行排列，每行3字，已不像汉代6字印那样分3行每行2字排列。但它的篆法还像汉印那样，笔画相对平直端正，这是由于此印印文还像多数汉代官印一样刻铸而成。而到隋唐，官印已是在铸好的印台上用蟠条焊成，圆转盘曲的风格已与汉印大异其趣了。北周"天元皇太后玺"正是研究从秦汉阴文铸造官印向隋唐阳文蟠条官印转变的不可多得的实物资料。

方寸大千／中国古代玺印篆刻

九叠文的盛行和文人印的发轫

走过杀声阵阵，你征我伐，割据政权多如牛毛的南北朝，历史终于又一次挣扎突破拥狭的瓶颈，豁然开朗起来。隋唐文化的雄浑乐章昭示着一个崭新的历史新纪元的到来。

从印学上讲，以典淳平正的缪篆为基础的秦汉印在统治印坛800年后，终于退出历史舞台，九叠文主宰了公印。几百年后，印章艺术的低迷状态终以文人印的兴起而乾坤扭转。宋元文人印的发轫，为篆刻艺术挣脱实用的桎梏，迎来明清流派印的春天打下了基础。

隋唐公印的遗存与特点

当我们翻开隋代的历史，一种似曾相识的感觉油然而生。八百年前的秦代，发生在以陕西关中为中心的翻天覆地的变革仿佛又一次惊人相似地重演在这块黄土地上。秦隋两朝皆承乱世而归于一统，瞬间闪烁出绚烂辉煌而又稍纵即逝，昙花一现。短暂的序曲过后，又分别迎来中国封建时代的两个最高峰——汉代和唐代。如秦朝创立三公九卿制一样，隋朝也在总结秦汉以来800年吏制的利弊基础上，创设五省二台九寺制。随之，公印制度也发生了根本性的变化。

首先，由于简牍全面退出日常生活，纸张在政府公文等方面的普遍使用，公印不再局限于圆捆简牍的狭小平面，边长从2.3厘米左右（秦汉1寸）猛然增大到5.4厘米左右（合隋2寸）。由于印体加大，公印也不像秦汉时代那样为官吏随身佩带，而转为放在匣内，由专门人员掌管。

其次，由于印章不再钤抑封泥面转为钤于纸帛，印泥（一般为红色）出现，公印也由秦汉时期的阴文转为阳文。

第三，秦汉印主要分铸、凿两种，故所用缪篆平正谨严。隋代公印为了用片状薄铜片盘曲成印文再焊于印面上，故又称蟠条印。其印文盘曲，多为曲线，少有直笔。后世为将宽大的印面填满，更将文字笔画任意重叠折绕，发展为九叠文。

第四，秦汉时代，公印上多刻职官名，如"广陵王玺""轪侯家丞"等，发给官吏本人，可称作"职官印"，过去通称"官印"。而隋代及其以后，公印发

图180 隋 会稽县印

给以官吏为代表的官署，如郡县的衙门印"永兴郡印""观阳县印""会稽县印"（图180）等，可称为"官署印"。

第五，秦汉时代，官印从不署款，从隋代开始，官署印有了刻款的习惯。有款隋公印凡见三例，皆刻铸造时间，如"观阳县印"背部凿款"开皇十六年（596年）十月十五日造"。

隋印存世极少，公认者不过10多方。

1993年，笔者见到民间流传的"右武卫右十八车骑印"（图181），经研究，定为隋大业三年前（581～607年）隋右武卫下属右十八车骑府的官署印。此印边长5.3厘米，印台高1.4厘米，钮高1.7厘米。印文蟠条制成，蟠条深1.1厘米。此印钮制上承汉魏鼻钮之余绪，较为矮厚，穿近圆形，与唐印不同。唐代公印鼻钮甚高，钮穿随之拉长，已呈向宋元长方板状柄钮过渡之势。此印如其他隋印一样不用"之"字，这与唐印区别甚为明显。隋创之初，左右武卫、左右卫、左右武侯、左右将军诸府皆领骠骑府和车骑府，即府兵。车骑府长官名车骑将军，领军驻于京师及地方要冲。此印传出咸阳北塬上,距隋都大兴城(即唐长安城)不远,为我们研究隋代府兵制及驻军情况提供了珍贵资料。

"观阳县印"(图182),曾为民国天津大实业家收藏家周叔弢(1891~1984年)旧藏,后捐献天津艺术博物馆。边长5.4厘米。此县汉置,晋省,北魏复,北周又废,隋再复,唐武德六年(623年)不再置县,旧属牟州。故地在今山东半岛莱阳一带。印背凿款"开皇十六年(596年)十月十五日造",开古代百官印凿款之先河。

"永兴郡印"(见图179)。此印并无实物存世,只在敦煌藏经洞的一部《杂阿毗昙心经》经卷上有钤痕两处。边长5.2厘米。当年罗福颐先生考证《杂阿毗昙心经》为南朝宋时僧人伽跋摩等译,"永兴郡由晋至唐均为县,只南齐称郡",

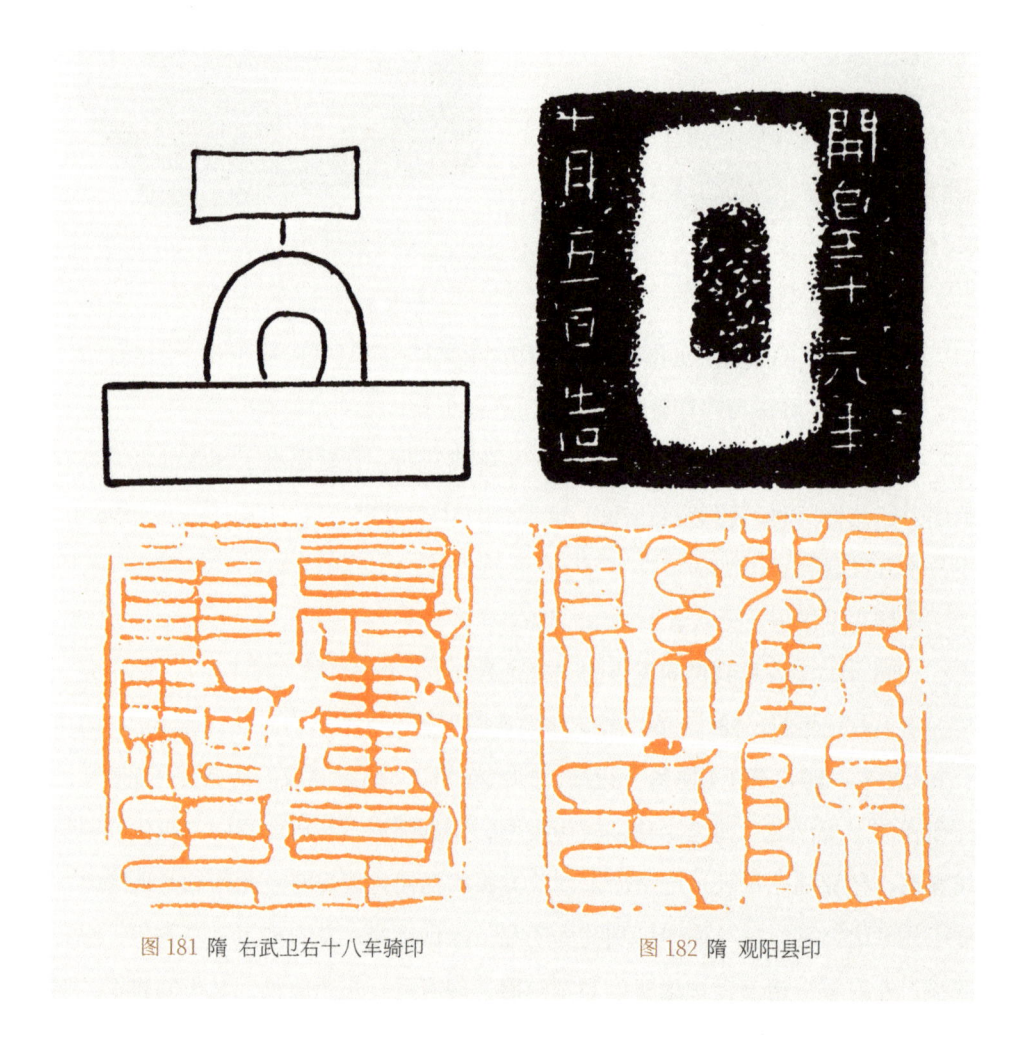

图181 隋 右武卫右十八车骑印　　图182 隋 观阳县印

故定为南齐公印。很多印学家都感慨"永兴郡印"与隋印如出一辙，但对南齐出现大型朱文公印，此印为秦汉以来第一方阳文公印并不怀疑。

虽然南北朝晚期已出现了大型朱文公印的端倪，但"永兴郡印"却应为隋代公印，与可以认定的南北朝晚期公印北周"天元皇太后玺"风格距离较大，与通行的南北朝晚期小型阴文官印更是相去万里。再偻翁（罗福颐）主南齐说，主要以文献记载只有南齐有永兴郡，其他时候皆称永兴县。其实中唐的历史地理名著《元和郡县图志》已明确记载："晋惠帝又分二郡置晋昌郡，周武帝改为永兴郡，隋开皇三年罢郡，置瓜州。"可见今天比邻敦煌的玉门一带古称瓜州，但在隋开皇元年至开皇三年（581～583年）是曾称过永兴郡的。其公印出现于不远的敦煌经卷上，更合乎情理。

隋代在立国38年以后，便如划过夜空的流星，陨落在历史长河中。继之而起，唐代以空前的繁荣与强大，如一颗新星，光彩夺目，升起在中国古代封建社会的政治舞台上。

唐代公印主要继承了隋印的特点而略有发展。

首先，出现了"宝""记""朱记"等新的印章自名。武则天时因"玺"与"死"音近，于是帝王印废"玺"而称"宝"，于是"宝"这种印章称呼一直延续到清代，皇上用印称"用宝"。"记"当为"朱记"的简称，皆用于唐代县级低级机构公印。唐代出现"朱记"这一名称也是公印由秦汉主要施于封泥转向主要沾红色印泥钤于纸帛的明证。这在印章史上堪称划时代之举。如陕西出土晚唐"陕虢防御都虞侯朱记"、传世唐"大毛村记"等。其次，唐初印章钮制又从隋代接近汉魏鼻钮向宋以后的橛钮又跨进了一步，鼻钮升高，钮穿略呈竖长方形，唐后期印穿已消失，完全演化为橛钮。第三，印背多刻有楷书印文，而不像隋公印印背刻造印时间。第四，出现了新的印章门类鉴藏印和斋馆印。

唐代公印存世30多方。虽略多于隋印，但与数以千计的秦汉南北朝官印相比还是少得可怜。

"中书省之印"（图183），边长5.8厘米，印台高1.4厘米，钮高2.6厘米。为唐公印标准器，现藏故宫博物院。唐代中央政权主要机构为三省六部制，其中中书省为核心决策机构，负责草拟有关军国大事的诏敕。

图183 唐 中书省之印

图184 唐 蒲类州之印

1973年,新疆吉木萨尔县唐代北庭大都护府故城出土"蒲类州之印"(图184),铜质,边长5.6厘米。此印是唐代在新疆设置行政机构对突厥游牧部落进行有效管辖的珍贵文物。

新疆气候干燥,在吐鲁番一带唐代遗址中有大量纸质文书、纺织品、木器被完好保存下来,特别是大量的文书中蕴含的丰富的史料,使对它的研究形成了专门的"吐鲁番学"。其中有些文书中钤有当时的公印,对我们了解唐代公印情况和当时唐代对新疆一带的管辖都很有价值。如1973年,在吐鲁番著名的阿斯塔那基地发现一唐代纸棺。它是用唐天宝十二年至十四年(753~755年)的西庭二州一些驿馆的马料帐纸糊成。这些纸帐上钤有"安西都护府之印""蒲昌县之印""西州都督府之印""柳中县之印""天山县之印""高昌县之印"等6种朱红印痕,每印边长均为5厘米。1981年,在吐鲁番吐峪沟千佛洞清理窟内积沙时发现一件唐代文书,为当地寺院征用车牛的公印。上钤"西州之印"朱迹（图 185）。西州是唐太宗贞观十四年（640 年）名将侯君集平定麹氏高昌后在其故地设置的。高宗显庆三年（658 年）改称"西州都督府",故此印当为这 18 年中唐公印实用遗物。

渤海（698 年~926 年）是唐代今天满族的祖先靺鞨族中的粟末靺鞨为主体建立的统治东北地区的地方民族政权。698 年在首领大祚荣的领导下建国。713 年,唐朝封大祚荣为渤海郡王,以其所部为忽汗州,命大祚荣兼都督,从此这个地方政权也就以渤海为号。它最盛时,南至朝鲜半岛北部,东抵今俄罗斯滨海地区,境内有 5 京、15 府、62 州。都城初驻旧国（今吉林敦化）,742 年迁至中京显德府（今吉林和龙）,755 年迁至上京龙泉府（今黑龙江宁安）,785 年再迁东京龙原府（今吉林珲春）,794 年复迁上京龙泉府。渤海国共传 15 世,凡 229 年,后为辽所灭。

渤海与唐朝有密切的经济、政治、文化联系,其各方面制度多效唐法,都城上京龙泉府即完全仿照唐都长安建造,至今依稀可辨,为全国重点文物保护单位。遗址内常有渤海公印出土。1960 年即发现一方"天门军之印"（图 186）,铜质,橛钮,边长 5.3 厘米。为典型唐式蟠条公印,蟠条深 0.9 厘米。文字细挺圆活,即

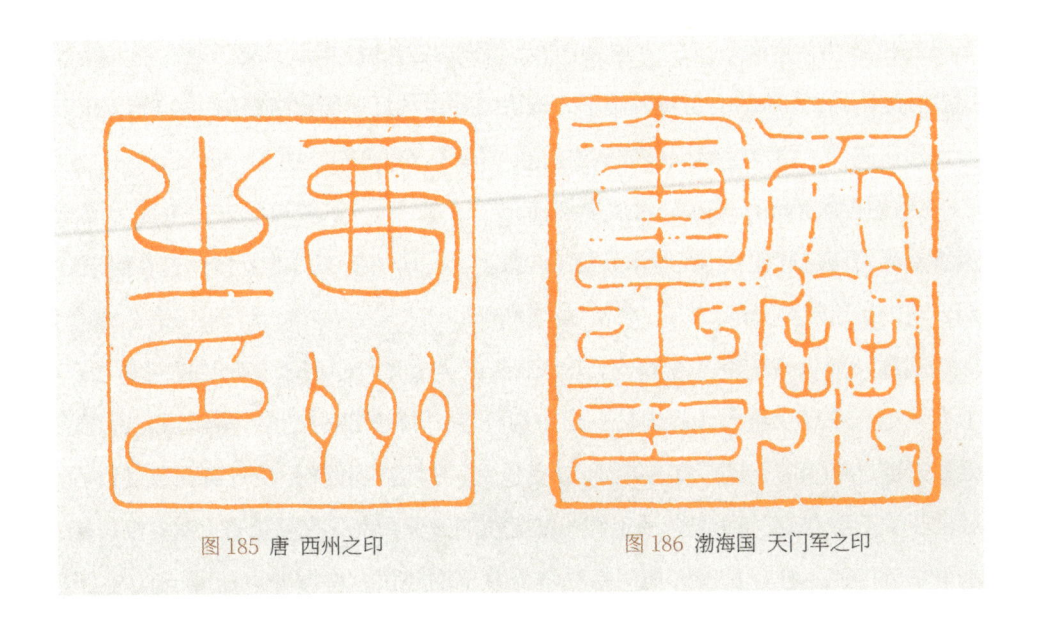

图 185 唐 西州之印　　　　图 186 渤海国 天门军之印

置中原唐公印中，亦为上品。印背钮之右上部刻有楷书"天门军之印"5字款。印章出土于上京龙泉府皇城之西南角，可能暗示我们渤海曾模仿唐朝建有禁军组织。印文为正宗汉字，也可与文献一道证明当时渤海是普遍使用汉字的。

鉴藏印的滥觞可追溯至唐太宗常钤于自己喜爱的历代书法绘画上的"贞观"联珠印。而后玄宗李隆基亦效其法，刻有"开元"长方形朱文印。但真正的鉴藏印之祖当推"报恩寺藏经印"（图187）和"瓜沙州大经印"。这两印本身并无实物存今，其印迹见于敦煌石室藏唐人写经经卷上。罗福颐先生在《古玺印概论》中举出《大般若波罗蜜经》卷260经尾即钤有"报恩寺藏经印"。笔者曾在西安文物中心库房藏一件敦煌唐人写经的首尾两处见到钤有此印。

明甘旸在他的《集古印谱》中列有"端居室"（图188）印，注曰："玉印，鼻钮，唐李泌端居室，斋堂馆阁印始于此。"李泌（722～789年）是唐中期著名学者，能文工诗，有文集20卷。贞元三年（787年）六月他终于同意德宗的请求，出任宰相，可当时已经是67岁高龄，可谓老臣谋国。可惜不久他就去世了。唐人自题室名别号并不多见，以其文才秉性，自创斋号"端居室"是可能的。自宋代，此风已十分盛行，如米芾有"宝晋斋"印等。明清以后，斋馆印更为流行，斋馆名号中寄托了文人的好尚操节。有的文人甚至起有很多斋号，有时甚至并无实际房屋，只是一种雅尚。明代大书家文徵明就曾说过："我的书屋多于印上起造。"

物极必反，繁荣一统的大唐帝国在统治东方近300年后，梁、唐、晋、汉、周及各地割据的10个小朝廷又使东方政治舞台走马灯一般着实热闹了一阵。60年中，你征我伐，印章也绝少传世或出土。

天津博物馆藏有一方"元从都押衙记"（图189），罗福颐先生考证为降梁唐将刘鄩的印。此印长5.5厘米，宽4.6厘米。官印用楷书而非篆体，这在唐宋时期公印中是比较罕见的。

刘鄩（858～921年），密州安丘（今山东省安丘市）人，唐末安丘县令刘融之子。少有大志，爱好兵略，涉猎史传。唐末历任登、淄二州刺史、行军司马。唐昭宗天复三年（903年），归顺梁王朱温，颇受倚重，拜元从都押衙。复迁鄜州节度留后。后梁开平三年（909年）夏，平定同州节度使刘知俊叛乱，收复长安，授检校司徒、永平军节度使。驻守长安。期间接受幕僚尹玉羽建议，将原存唐朝国子监内《开

图187 唐 报恩寺藏经印　　图188 唐 端居室　　图189 元从都押衙记

成石经》等碑石移至城内,置于原唐代尚书省之西隅。再迁检校太傅、同平章事。后梁末帝即位,任河东道招讨使,攻打河中节度使朱友谦,兵败退入洛阳,不久被被逼饮鸩而卒,时年64,追赠中书令。

"元从"始于唐高祖的"元从禁军",凡被授予者,皆享有一定的特权。"都押衙"是官名,唐安史之乱后,藩镇割据,皆擅设衙官,于是衙将、衙官、都押衙等官名日渐繁杂。"元从都押衙"系军帅亲重之官,刘鄩固为曾任此官之最著名者。其实五代史书记载曾任此官的还有吴鄂、宋令询、孙锐、苏彦存、郑温遇等人。但无论如何"元从都押衙记"印都是唐末五代不可多得的珍贵遗存。

另外,澳门珍秦斋还藏有一方五代时期"立马弟四都记"(图190),原印匣尚存,值得重视。

十国印章现存两方。

一为抗日战争时成都挖防空洞发现的前蜀皇帝王建的谥宝,文曰:"高祖神武圣文孝德明惠皇帝谥宝"(图191)。王建(847~918年),河南舞阳人,武勇过人,唐末割据四川,称雄西南。907年,建前蜀称帝。其陵墓号永陵,谥宝为他死后根据其谥号刻的明器印章,并非其生前所用。玉质,边长11.7厘米,宽10.7厘米。放在其墓后室石刻王建雕像前。印钮精致,兔头龙身。王建生于丁卯兔年,称帝时又逢兔年,谥宝钮做此形可能寓意兔变真龙。

图 190 五代 "立马弟四都记"印及印匣

图 191 高祖神武圣文孝德明惠皇帝谥宝

图 192 南唐 建业文房之印

另外，在故宫博物院藏《怀素自叙草书卷》尾部南唐李昇升元四年（940年）重装款上钤有"建业文房之印"（图192），虽可能为宋人摹本，但也可作为十国印章的重要参考。

与秦汉数以万计，异彩纷呈的私印相比，隋唐五代近400年中，私印少得惊人，甚至无一方可以确认。这是奇怪而又令人费解的现象。

九叠文的一统天下——宋代公印

960年，后周禁军统帅赵匡胤在开封东北的陈桥驿发动兵变，黄袍加身，夺取后周政权，建立北宋。167年后，金兵攻下宋京汴梁（今河南开封），北宋覆亡。翌年（1127年），康王赵构在南京应天府（今河南商丘）即位，建立南宋，后正式定都临安（今杭州）。153年后（1279年），南宋又为元所灭。

两宋是中国封建社会经济、文化高度发展的时期，金石文字之学大兴是其文化昌明的一个表现。北宋创立之初，为了改变五代公印"篆刻非工"的状况，作为理顺强化其专制统治的措施之一，宋太祖赵匡胤启用以治印见长的祝温柔，拜为铸印官，开始重新改铸公印。

宋代规定百官印一律用铜铸造。大小以官阶的高低而有所区别。"诸王及中书门下印方二寸一分，……节度使印各一寸九分，……余印并方一寸八分"（《宋史·舆服志》）。此外，朱记规定长一寸七分，广一寸六分。监司州县长官曰"印"，僚属曰"记"。

与存世极少的隋唐五代公印不同，宋代印章传世和考古发现的很多，公印中尤以军旅公印居多，其中禁军公印又占多数。宋代的兵制颇为复杂，分为禁军、厢军、乡兵、蕃兵等，军队数量十分庞大。宋太祖末年，禁军、厢军有37.8万人，至宋英宗治平年间（1064～1067年）达到116.2万人。90年间，增加3倍多。宋仁宗皇祐中（1049～1053年）三司使蔡襄统计，军队年支总额达4800万缗，约占全国财政总收入的60%～70%。

禁军是宋朝的主要军事力量。北宋统治者本着"守内虚外"的政策，把它的精锐之师禁军一半驻防在京师及其附近，其余分戍全国各地要冲，边境上禁军很少。宋代"内患重于外忧"的心理定势，使得它在与北方契丹人建立的辽、西北党项人建立的夏、东北女真人建立的金等诸少数民族政权的战争中捉襟见肘，败多胜少。即使皇帝率禁军御驾亲征，有时也是大败而归。

如太平兴国四年（979年），宋太宗赵光义领兵灭北汉后，乘胜进军辽南京幽州（今北京），然而，强弩之末，其势不能穿鲁缟，连续攻城15日不能下，最后辽名将耶律休哥率铁骑来援，在高粱河（北京西直门外）大败宋军。宋太宗负伤，

图 193
北宋 神卫左第一军第二指挥第二都朱记

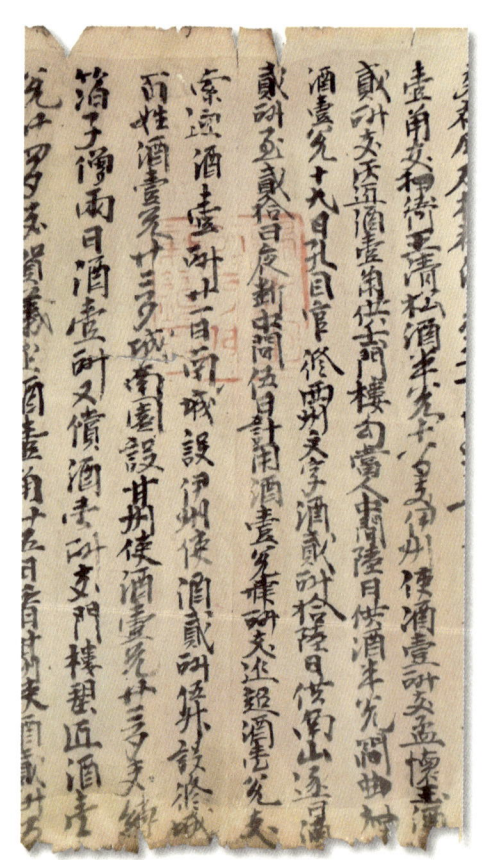

图 194 北宋 归义军衙府酒账单

乘驴车狼狈逃归。在诸如此类的战役中,有不少宋禁军公印遗失北方,或成战利品,送往辽都。所以,今内蒙古宁城辽中京大定府(今名大名府)等辽都遗址多有宋禁军公印发现。其中"神卫左第一军第二指挥第二都朱记"(图193)就是在辽中京发现的较早的宋禁军公印。

此印边长5.5厘米,通高4.3厘米。长方形板状钮,钮两侧凿小字款"太平兴国三年正月铸"。太平兴国三年(978年)即高梁河战役的前一年。宋代禁军中,侍卫司有龙卫、神卫左右四厢。"步军神卫"则是禁军的主要部分。"都"是北宋禁军指挥之下的一个编制单位,步军中都的统兵将领称为都头。《宋史·兵志》:"每指挥有指挥使、副指挥使。每都有军使,步军谓之都头。"所以,此印为宋神卫军左厢第一军第二指挥第二都头所用公印。从此印可以看出宋公印九叠篆匀整饱满,显然较隋唐印欲变而又还在探索中的稚幼状态更为成熟。

宋初百废待兴,官印一度袭用五代旧印。乾德三年(965年)重铸公印时,官印多加"新"字,以区别于五代公印。如"新浦县新铸印""象州磨勘司新朱记"等都是宋初公印。而敦煌研究院收藏第 0038、0784 号敦煌文献（藏经洞出土）北宋乾德二年（964 年）《归义军衙府酒账单》（高 30 厘米，残长 105.1 厘米）上朱色钤印"归义军节度使新铸印"（图 194），则是北宋初期官印使用的珍贵实物资料。

宋前期公印印文与边粗细相近，后期印边逐渐加宽，如熙宁三年（1070 年）"平定县印"（图 195），印边已宽达 0.3 厘米。这种趋势到明清愈演愈烈。

与隋唐公印偶有背款不同，北宋早期公印多刻有年款，标明铸造年月，如图 141 印，背款凿"太平兴国三年正月铸"。中期以后，在刻凿年款的同时，还凿有兼管公印铸造的"少府监"名（少府监当时除统管公印铸造外，还管理其他皇家手工业事务），如图 195 印，背款凿"熙宁三年少府监重铸"。

1126 年（靖康元年），金兵攻破北宋都城开封，大索 4 月。翌年，北撤，带走包括宋徽宗、宋钦宗在内的全部俘虏和财物，史称"靖康之难"。这是一场空前的浩劫，南宋民族英雄抗金名将岳飞心中片刻不能释怀的"靖康耻，犹未雪。臣子恨，何时灭"（《满江红》）即指此事。

靖康之难后，宋代官员仓皇南渡，印信多有丢失。南宋又重铸公印，不过在印文前"加'行在'二字，或冠年号以别新旧"（《宋史·舆服志》）。据此"建炎宿州州院朱记"（图 196）立可判为南宋公印。"建炎"（1127～1130 年）为

图 195 北宋 平定县印

图196
南宋 建炎宿州州院朱记

图197
南宋 嘉兴府澉浦驻扎殿前司水军第一将印

南宋开国皇帝赵构的年号。

与北宋公印铸造归少府监管理不同，南宋公印由文思院统管。印背除凿刻铸印年代外，还刻有"文思院铸"字样。

南宋军旅印近年也时有发现。其中1978年在浙江海宁开挖出海排涝工程长山河时于古镇澉浦掘得的宋印颇为有名。他们分别是：

雄节第一指挥第三都朱记

殿前司平江府许浦驻扎水军第一将印

嘉兴府澉浦驻扎殿前司水军第一将印（图197）

金山防海水军第二将印

嘉兴府澉浦驻扎殿前司水军第四将印

沿海制置司定海水军第一将之印

嘉兴府金山防海水军统领印

嘉兴府驻扎殿前司金山水军第二将印

嘉兴府驻扎殿前司金山水军统制印

根据印款，除第一印为北宋元祐五年（1090年）造外，其他8印皆为南宋水军公印。这些水军印反映出为了加强长江防线，确保江浙海防以拱卫南宋都城临安（今杭州），南宋对水军建设极为重视。当时建有许浦、定海、澉浦、金山4支水军，其内部管理也和禁军一样采取置将法。每支水军以人数多少分置一至数将。每将水军1000～2000人。每支水军分兵把口，以地名冠于军额之前，但属中央殿前司节

图 198　南宋　州南渡税场记　　　　图 199　南宋　壹贯背合同

制。澉浦在南宋是一个重要港口，德祐元年（1275年），元军大举南下，次年，攻陷临安，灭亡南宋。在元军攻下澉浦时，可能南宋4支水军曾聚集于此作最后一搏，这些南宋水军公印殆于此时集中埋于地下。

　　南宋还有一些颇为奇特的印。如"州南渡税场记"（图198），此印糅合楷隶，舒朗自如，为一方非官方正式颁铸的官署公印，印章风格与五代"元从都押衙记""立马弟四都记"颇类。宋代出现中国最早的纸币，北宋称为"交子"，南宋又发行了"会子"。这一方面是由于商业和对外贸易的发展，另一方面南宋朝廷也期望会子能弥补财政的亏空。在会子的背面，有罕见的合同印，文曰"壹贯背合同"（图199）。可能由于印在钱上的缘故，所以印章又做成银锭形。

别具一格的夏辽金元公印

　　北宋初年，宋太宗曾说："（国家）外忧不过边事，皆可预防；惟奸邪无状，若为内患，深可惧也。帝王用心，常须谨此。"然而就是宋代皇帝并不重视的外患，搞得宋朝百万大军在与其对峙的夏、辽、金军队前屡战屡败，皇帝也被金兵掠走，最后连江山也拱手让给了元人。

两宋时期，与中原汉族政权对峙的皆为少数民族政权，北方有辽、西北有夏、东北有金。后来辽为金灭，接着后来居上的蒙古人又毫不客气地收拾了西夏、金，最后灭宋建立了元朝。这四个少数民族建立的政权和朝代，在公印制度上不同程度地都受到它们的敌人宋朝的公印影响。但又创造了自己一些别具一格的特点，在印文上出现了有趣的现象。西夏公印用西夏文，辽、元公印有的用汉文，有的用契丹文或八思巴文，金公印则全用汉文。

西夏是由党项族建立的政权，党项族的祖先就是汉魏时期经常出现在"汉归义羌长"之类印章之上的羌族的一支。汉朝以来就一直游牧于今天青海、甘肃和四川三省边境的山谷草原间。唐末，党项首领拓跋思恭曾带兵到长安一带参加镇压黄巢起义。黄巢被平定后，拓跋思恭兼太子太傅，封夏国公，赐姓李，拜夏州节度使。宋朝之时，党项李氏时叛时降，周旋于宋辽之间。1032年，元昊即位，开疆拓土，使党项族领土已"东尽黄河，西界玉门（敦煌西），南接萧关（宁夏固原西南），北控大漠，地方万余里"（《西夏书事》）。

元昊（1003～1048年）是党项族杰出政治家和军事家，武艺高强，精通汉学，长于绘画。由于受到先进的汉文化影响，他仿照宋朝建立各级官僚制度，还命令大臣野利仁荣模仿汉文字创造西夏文字。西夏文字虽吸收了汉字笔画的特点，但没借用一个现成的汉字。西夏公印的背款为标准西夏文，有人形容它："远看都是汉文，近看一个也不认识。"作为

图 200 西夏 □州粮官专印

图 201 西夏 首领

绝学，直至 19 世纪末，人们才知道有西夏文存在。现在西夏文在世界上也只有极少数人认识。当年博学的印学家罗福颐先生汇编近百西夏公印时，也只能求助宁夏博物馆的西夏史专家李范文先生对其文字进行释读。

1038 年，羽翼丰满的元昊在今银川正式称帝，国号大夏，以其居西，史称西夏。后共历 10 主，190 年，1227 年，为蒙古所灭。

西夏公印极富民族特点，试举"□州粮官专印"（图 200）和"首领"（图 201）两例说明。

第一，中国古代公印基本上皆为正方形，宋辽金元亦莫能外，西夏公印却将正方形的方角皆改为圆角。

第二，隋唐以来，朱文公印已流行了 400 年，但西夏公印皆为满白文，笔画极粗，而且使用了边框。其印文吸收了宋朝流行的九叠文的特点，印面安排匀整饱满。

第三，印文从 2 字到 6 字不等。其中"首领"印最多。在现存西夏印章中占 90%。这与两宋及其他朝代各级机构各有其印，印文各不相同很不一样。难道西夏各级官吏都称首领而同用首领印吗？如此又怎样区分官吏的职能与级别？令人费解。"首领"两字西夏文为上下安排，与汉人两字印多作左右安排也区别很大。

第四，两宋公印一般在背款中只刻造印年月（有时还精确到日）和机构。西夏公印却左边只刻铸印年代，不记月日，更不见铸印机构，而在钮右印背却刻上执印者姓名，这在汉人公印制度上是从来不见的。有时西夏公印在背钮顶部还用西夏文刻一"上"字，这显然为宋人影响。

辽是契丹建立的政权。契丹族的祖先是常见于汉魏"汉鲜卑率众长"之类印章中提到的鲜卑的分支。他们世居于辽水上游，过着游牧和渔猎的生活。唐来，天下大乱，契丹族乘机兴起。916年（五代之初），契丹可汗耶律阿保机自立为皇帝，国号契丹。947年，改国号为辽，都城上京（今内蒙古昭乌达盟巴林左旗南波罗城）。

耶律阿保机是契丹的民族英雄，他在位之时，创制了契丹文字。他死后，辽大宗耶律德光继位（927～947年），此时辽已是"幅员万里"的强大国家。其子民分为以农业为主的汉人、渤海人和以畜牧业为主的契丹、奚等族人。为此，他本着因地制宜，"以国制治契丹，以汉制待汉人"（《辽史·百官制》）的原则，实行南面官、北面官并行的制度。北面官任用契丹贵族统治契丹人和其他少数民族。南面官杂用汉人和契丹人以统治汉人和渤海人。与之相配，辽公印亦分别采用汉篆文和契丹文，契丹文又分为契丹大字和契丹小字。如：

"启圣军节度使之印"（图202）即为汉篆文公印。1972年发现于辽宁阜新知足山。铜质，覆斗钮。印面6厘米×5.7厘米。据《辽史·地理志》载，"启圣军"

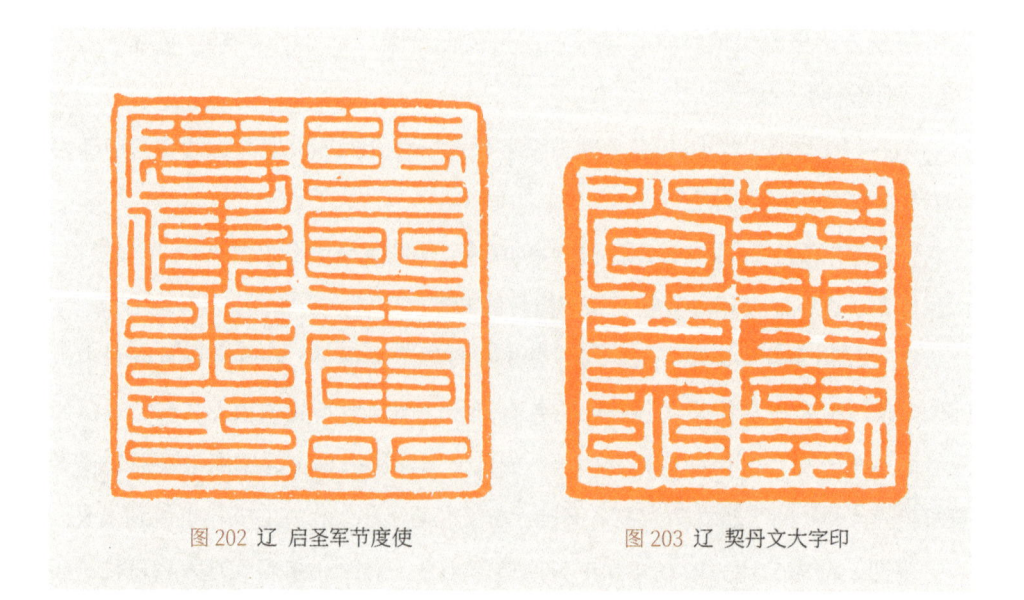

图202 辽 启圣军节度使　　　　　图203 辽 契丹文大字印

为仪坤州军号。仪坤州为辽初所设，同时置启圣军节度使。隶属上京道，仪坤州在今内蒙古赤峰巴林左旗林东之东北，即辽上京旧址东北200里的地方。从此印可以看出，辽汉文公印深受宋九叠文公印影响，但其九叠文结体与宋印还是有些不同之处。

契丹文大字印（图203），1964年辽宁凤城县乌骨城出土。边长6.2厘米，长方板状钮。印文倒数第二字常见契丹大字印公印中，疑为类似宋公印中的"之"字，余不识。

契丹文为辽神州五年（920年），根据汉字隶书之半增损而得。1125年金灭辽后仍继续使用，直到金章宗完颜璟明昌二年（1191年）才罢废。前后通行300年。明清以来已无人认识，成了真正的"绝学"。

图204 辽 契丹文小字公印

图205 西辽公印

契丹文小字公印（图204），1972年辽宁盖县出土，印面4.5厘米×4厘米，印文待考。

1125年，辽天祚帝在逃往西夏途中为金兵俘获，辽亡。辽自916年耶律阿保机称帝至亡国，凡9帝210年。

在辽亡前一年，阿保机八世孙契丹贵族耶律大石（1087或1094～1143年）率兵在今新疆和中亚的伊犁、锡尔两河之间建立西辽，建都在楚河南边虎思斡耳朵（今哈萨克斯坦共和国托克马克附近）。其疆域西到阿姆河，东到天山以南吐鲁番一带。它在传播中国文化，沟通中西经济文化等方面起到积极作用。西辽传5主，历80年（1131～1211年）。

20世纪50年代，新疆曾征集两方西辽公印，其中一方（图205）系新疆伊宁征集。印面6.9厘米×6.5厘米，橛钮。从型制和文字风格看，西辽公印仍继承了辽印传统。

金朝是我国东北历史悠久的少数民族女真族所建。五代时（10世纪初），女

图 206 金 环州刺史之印

真人多附属于契丹。后来未入契丹户籍的女真完颜部逐渐强大。1115年，在汉化很深的渤海人杨朴辅佐下，女真族的部落联盟酋长完颜阿骨打称帝，国号大金。短短 8 年中，摧枯拉朽般地连下辽的五京。1125年灭辽，两年后，又轻取北宋江山。从此与南宋、西夏三分天下，对峙百余年。

作为辽、宋的征服者，大金又被文化比自己发达的宋、辽在文化上征服，其政治制度全面效仿唐宋及辽制。

女真建国之前，尚处在原始社会末军事民主制时期，既无文字，更无公印之制。建国以后，在征辽伐宋过程中，前后掠去辽、宋皇家帝后玺印 40 多种，文武百官印不计其数。金初这些辽宋公印即转为金人所用。

这种局面直至 1156 年（正隆元年）海陵王改革金朝官制，追缴过去袭用的辽、宋旧印才得以彻底改变。海陵王和金世宗时代是金朝经济走向繁荣，政治趋于稳定的时期。反映在公印上，铸造十分精工，外观平整光滑，很少见到气孔和毛刺，印文干净利落，安妥工稳，绝不在宋印之下。

"环州刺史之印"（图 206），为甘肃民间家藏。边长 6.1 厘米。背部凿款"大定□年六月少府监造"。"大定"为金世宗年号，凡 29 年（1161～1189 年）。宋朝颁造公印由少府监专管，金承宋制，金公印早年也由少府监造，海陵王正隆元年（1156 年），废辽宋旧印，"命礼部更造焉"（《金史·百官》），少府铸印渐少，大定十年（1170 年）全部为礼部所代。所以此印当为大定元年至十年（1161～1170 年）之物。"环州"，金大定间升为刺郡，在今甘肃境内。郡刺史为正五品。此印与 1949 年后吉林九台县出土的金大定二年"韩州刺史之印"，无论大小尺寸都相同。"环州刺史之印"诸字写法风格完全一致，或出同一名家之手。金代公印以正隆、大定年间最佳，而此印又可称为金印鼎盛期的代表作。

九叠文的盛行和文人印的发轫 / 153

　　金代公印一般说来官越大，公印尺寸也越大。至于其详细等级区分，《金史·百官志》更有明确记载。但从实物来看，这一点上文献记载并不可信。如《金史·百官志》记载："五品印，方一寸四分，铜，重二十两。"金代1尺合31厘米，五品的环州刺史，其公印按规定应为4.3厘米，实际上却为6.1厘米，为当时2寸，合于金代三师、三公、亲王等官印的规定。是何缘故，尚不得而知。

　　金代晚期，金廷内外交困。既要镇压国内各民族的反抗，又要应付蒙古人的金戈铁马。在这种情况下，尚书礼部统管公印颁造的时代已一去不返，许多中央和地方官府竞相造印，卖官鬻爵，所以官印质量极差。

　　过去幼而好古的景爱先生穷10余年精力，集传世金印或印蜕600方，选500余方汇成《金代官印集》1991年出版。1996年元月，陕西西安钟鼓楼广场工地一次竟出土金晚期公印279方，金末造印之滥，可见一斑。

　　金中期，由于经济的繁荣，政治的稳定，公印发现是朝廷官印多，地方官印少，武官印少。金晚期，机构臃肿，人浮于事，政局混乱。反映在西安出土这批公印上，第一，多为各级地方政权公印，可见中央集权的衰落。第二，多为军事机关和武官用印，可见社会的动荡。

　　这批公印均呈正方形，背有长方板状钮，印台有方形、梯形两种。印背凿有铸造年月和颁印机构。边长在4.5～8.5厘米之间。大都为金代末期哀宗正大年间（1224～1231年）陕西路铸造。经辨识有"统帅府印""元帅右都监印"（图207）"陕西路总帅府知事印""行尚书六部印""行尚书六部侍郎印"（图208），"总领都提控印""招抚司印""军民弹压之印""泾州之印""韩城县印""咸阳县省仓印"等等。西安钟鼓楼广场，原为金代陕西路最高军事行

图207-1
金 元帅右都监印

政长官衙署所在。这批金印出于一古井底部。1227年，蒙古铁骑踏平西夏国都兴庆府（今银川），转而挥师东进。稍事停顿，1231年（正大八年），气势如虹地一举攻下西安西部重镇凤翔。无险可守的西安城中的金兵已是风声鹤唳，仓皇弃城东逃，这批已经铸好的公印可能还来不及使用便弃于官府内这口水井中。

金代公印有一个很大的特点，就是采用千字文（天、地、玄、黄、宇、宙、洪、荒……）或是五行（金、木、水、火、土）为编号，金晚期内忧外患，金廷只好扩大军队，增设军官，同一军职（如都统、副统、万户）和同一级军事机构（如万户所、提控所）的公印数量激增，为了便于颁发和管理，只好将同一类公印按顺序编号。

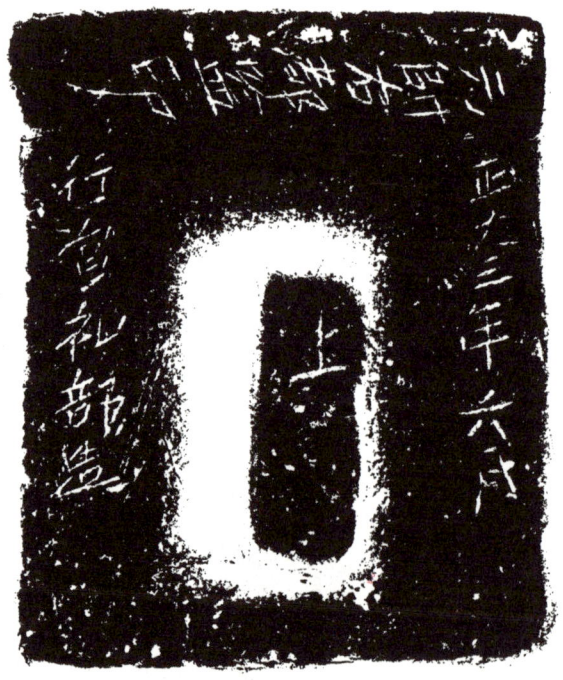

图 207-2 金 元帅右都监印

五行字少，不堪其用，后来千字文编号盛行起来。同一名称公印总不致超过千方，谁能说这不是应付机构庞大的一个"高招"呢？

编号多直接刻入印文中。如"上京路副统出字号印"（图209）。边长6.5厘米，背款贞祐四年二月（1216年），"上京行六部造"；"上京路军马提控木字号之印"等。也有编号不入印文，而刻凿于印背或印侧。如黑龙江兰西县出土一方"都提控所之印"，背款注明"光字号"。

元朝是蒙古族建立的政权。蒙古族的祖先是东胡语系室韦的一支。在其发展壮大过程中吸收了匈奴、突厥和东胡等语系的各种民族成分。12世纪末，铁木真统一蒙古各部，被推为全蒙古的"汗"（皇帝），尊称成吉思汗，"成吉思"为强大之意。此后蒙古铁骑所向无敌，先后灭亡了西夏、金。并三次西征，一度立马地中海，建立了由四个汗国组成的版图空前广大的超级帝国。1260年忽必烈继位，注意学习汉人政治制度，并采用《易经》"大哉乾元"的说法，于1271年改国号为大元。1279年，在蒙古铁骑的穷追之下，南宋忠臣陆秀夫背着年幼的皇帝赵昺在崖山（今广东新会东南）蹈海而死，宋军也全部壮烈殉国，南宋灭亡，大元武力统一了天下。

12世纪末，在铁木真

图208 金 行尚书六部侍郎印

图209 金 上京路副统出字号印

尚未统一蒙古之前，漠北高原上差不多有 100 个部落。其中在今蒙古人民共和国西部杭爱山和中国新疆阿尔泰山之间文化水平较高的乃蛮部已向邻近的畏兀人学习，创立了畏兀体蒙古文。1206 年，刚征服乃蛮统一蒙古各部的成吉思汗确实还是"只识弯弓射大雕"的一位武将，他既不懂蒙古文，更不知印章为何物。可贵的是，他自有包举宇内并吞八荒的帝王气度。他虚心地向已是他阶下囚的乃蛮掌印官畏兀人塔塔统阿求教印章的功用。塔塔统阿对他说："出纳钱谷，委任人才，一切事皆用之，以为信验耳。"于是蒙古国才有了印章。当时印面采用畏兀体蒙古文或汉文，成吉思汗还让塔塔统阿教蒙古青年读写蒙古文。印章和文字在蒙古的通行，一定程度上促进了蒙古的统一事业。

到了元世祖忽必烈时，随着铁骑南征后对汉文化了解的深入，元统治者折服于被征服者"郁郁乎文哉"的典章制度，全面"遵用汉法"，从中央到地方建立了一整套封建国家机器和与之匹配的公印制度。至元六年（1269 年），又制玉玺大小 10 钮，并对百官用印的品级、尺寸、料例进行了明文规定，强调"凡印文皆用蒙古新字"（《新元史·舆服志》）。

"常乐蘸印"（图 210），即为至元六年（1269 年）前元朝使用的汉九叠文公印之一。此印 1953 年内蒙凉城出土。边长 5.6 厘米，橛钮。背款右边刻"长乐站印"4 字，左边刻"中书礼部造，至元五年十月日"2 行 12 字。印文的"蘸"和背款的"站"都是蒙古语"驿传"的汉语音译"站赤"的简称，故可通用。大元版图之辽阔空前绝后，为了"通达边情，布宣号令"（《元史·兵志·站赤》），在全国统一设立驿站，由通政院及中书兵部通管。1981 年，内蒙古呼伦贝尔盟还出土有在元通行"蒙古新字"公印后的皇庆元年（1312 年）所铸的八思巴文"祥州站印"。元代的驿传制度对当时的波斯、俄罗斯、埃及和中亚、西亚诸国都产生了影响，在俄罗斯竟沿用了几百年。

图 210 元 常乐蘸印

至元六年（1269年），忽必烈命令国师八思巴创立拼音文字——八思巴文，即所谓"蒙古新字"颁行天下。八思巴原为西藏喇嘛教萨逊派法王，他创立的新字，不像辽、金、夏文字皆与汉字有一定渊源，而是从藏文发展而来。其八思巴文印，吸收了宋印九叠文的特点，极为匀称整齐，棱角分明。八思巴文公印的一个很大特点是背款皆为汉文，这也是今天我们识别八思巴文的最重要手段。

图 211 元 管水达达民户达鲁花赤之印

如1977年黑龙江阿城县白城出土的一方"管水达达民户达鲁花赤之印"（图211），印文是八思巴文。背款刻"至元十五年十二月日中书礼部造"，元世祖忽必烈至元十五年为1278年。"达鲁花赤"在蒙古语中是盖印者、镇压者、制裁者的意思，转而有监临官、总辖官之意。元时汉人不能任正官，多数行政机关及各路府州县均设置达鲁花赤，主要由蒙古人充任，也常用色目人。色目一词唐代已有，是各色各样之意，包括我国西北地区各族及中亚、东欧来到中国的人。元代将全国人分为4等，色目人仅次于蒙古人为第2等。达鲁花赤掌印办事，把握实权。"水达达"是居于松花江下游、乌苏里江、黑龙江下游的游牧部落。

元公印印面构成的一大特点是印边加宽，有时竟达印文笔画宽度的6～10倍。而隋唐之时，印文与印边往往等宽，宋代印边渐宽。元公印的这种形式对明清影响很大。

楷书入印的成功典范——花押印

印章艺术从隋唐以来，已甚为寥落，至宋、辽、金、元以来，九叠文几乎一统天下，作为实用印固然整齐庄严、规范实用，但机械的等距离盘绕中，秦汉形成的雍容苍朴、大拙大巧、清新自然的优良传统荡然无存，至今篆刻家还视九叠文为篆刻艺术的克星，大有隋唐宋元印艺一片暗淡，乏善可陈的意味。唯有元代的花押印，稚拙纯朴，尽洗铅华，而且作为楷书入印最重要的典范受到篆刻家的一致赞扬。

楷书入印的早期尝试，我们在陕西出土北朝独孤信的18面体煤精印中即可看到。印文用当时通行的魏碑体楷书刻成。但白文独孤信印只是当时楷书在印面上的简单照搬，毫无印章意趣。也许当时人也意识到这一点，知难而退，从此楷书印在印坛绝迹700年。

印章艺术现在通称"篆刻艺术"，就是因为以篆书为代表的古文字系统在几千年印章史上占有绝对的主宰地位。中国印章艺术若以质材分，以元为分水岭大概可分为铜印时代和石印时代。在铜印时代，篆书更是独领风骚，而元押大量楷书的成功引入，是对篆书印章的一次划时代意义的突破，造就了秦汉以来铜印系统的又一个高峰，也是最后一个高峰，更是代表今文字系统中唯一一个尚可与篆书印章抗手的高峰。

花押印在唐宋之时已经出现，但只是偶尔闪现的星星之火。到元代蒙古人入主中原，在元代划分的4个民族等级中，地位最高的一、二等蒙古人和色目人多不识汉字，所以在执政交往中"多不能执笔画押"（元·陶宗仪《南村辍耕录》），更不认识天书一般的汉人篆书，于是唐宋以来花押印星火蔚成燎原之势，迅速由官方向民间普遍流行起来。

在民间大行其道的元押印上的楷书，多摒弃了正襟危坐的颜柳欧赵为代表的官方正书，而采用无拘无束的民间书体，天真歪倒，俯仰自得，顾盼有情，真率自然，极富印章意味。有独字的姓氏印，如"范"（图212）、"孙"（图213）。更多的是上部为楷书姓氏，下部为花押的姓押印，如"王押"（图214）。这类印多为竖长方形，类似秦汉半通印，为元押艺术的主流和代表。另外还有一些别具一格的押印，如"商七押"（图215）、银锭形的"张押"（图216）等。

图212 范　　图213 孙　　图214 王押　　图215 商七押

图216 张押　　图217 曹押　　图218 八思巴文押

图219 鱼形押　　图220 琵琶形押　　图221 葫芦形押　　图222 瓶形押

元代花押印的勃兴，与蒙古色目人不谙汉文字有直接关系，所以有很多花押印杂用汉字蒙文，往往上为汉姓，下为八思巴文，如"曹押"（图217），还有一些元押干脆纯用八思巴文（图218）。除常见的方形和长方形外，更有标新立异几不见于元代之前传统汉族印章的鱼形押（图219）、琵琶形押（图220）、葫芦形押（图221）、瓶形押（图222）、壶形押（图223）等等。

元押中的图形印也十分丰富，按其内容又可分成人物形押（图224）、动物形押（图225）、植物形押（图226）、器物形押（图227）、图案押（图228）等。

图223 壶形押
图224 人物形押
图225 动物形押
图226 植物形押
图227 器物形押
图228 图案押
图229 元 鸽形十字押

　　另外，由于基督教（也里可温教）、佛教、道教在元代的流行，还出现了一些宗教押印（图229）。
　　从钮制上讲与隋唐宋元公印系统几乎千篇一律的"印把子"（橛钮）和鼻钮相比，元押钮制的丰富多样同样使人精神为之一振，在印钮谱系中占有突出重要的地位。

这在开篇对历代印钮的叙述中，我们已经提到。应该指出，隋代以前，公私印形体不大，多随身佩带，故印钮多有各式的穿孔，以便系绶。隋唐以后，印体增大，官署印增多。印章已不随身佩带而改为匣装。故此印钮上穿孔渐渐萎缩，乃至消失。元代蒙古人骑马进入中原，游牧出身的蒙古人原来就有身佩腰刀及其他佩物的传统，后他们把这一习惯带到中原，反映在印章上，无论什么钮式的押印，包括人物形和动物形钮，都有一个可供穿系的小孔。这反映了私印从隋唐急剧衰落以来，又一次在民间受到广泛重视和使用。

明清以来500年间，流派篆刻多姿多彩，但文人士大夫多以秦汉为圭臬，视隋唐以来印史一片黑暗。对大量的元押简单归于民间俚俗之物，偶仿一二。明清至民国各类印谱多达146种，即使集古印谱最盛之时，也只有个别印谱选数方元押殿后点缀。直到清末，才有少数元押专谱出现，如杨守敬的《印林》、无名氏的《元押集存》、殷尘的《邦斋宋元押印存》。而吴昌硕、黄牧甫、邓尔雅、沙孟海等印坛巨子到底不是凡胎肉眼，因而广纳博取，他们从元押中汲取营养，创作出许多成功的楷书印。20世纪90年代以来，从书界到印坛都出现了从古代无名氏作品中汲取营养的热潮，元押对楷书入印的成功突破越来越受到篆刻家们的重视，已有《亦无楼宋元古印辑》《元押印汇》等专谱行世，不过元押的艺术和历史价值还都有待更深入广泛的开掘。

文人印的先驱——从米芾到王冕

隋唐五代近400年中，私印系统中的姓名印几乎无一发现，这与长短相若的秦汉发现有万计私印相比，形成极大反差，实在令人费解。

宋代私印也极少。重要者如经考古发掘而得的北宋钱世瑞木质组印15方"吴越世瑞"（图230）（江苏宜兴），以及"与贞私印"（江苏苏州）、"朱昱印章"（安徽合肥）、"适"（河南郏县）、"引意"（江苏南京）、"张氏安道"（河南商丘）、"刘景印章"（广东潮州）、"趯"（见图15）（湖南长沙）、"张同之印、野夫"（图231）（江苏江浦）、"卢渊"（浙江新昌）等。从这些印章多仿汉印风格、

图 230 北宋 "吴越世瑞" 木质印

兼有各类篆体以及印章多出土于宋代经济重心倾斜的东南沿海一带，推测宋代私印出现当与金石学在宋代的兴起和人们对研究收藏古物兴趣的日增有关。

辽金元也有个别私印发现，但所有这些都不能与元押相提并论。在公印、元押之外，此期最为重要者当推文人印的发轫，而推动这一历史车轮的四位先驱是北宋的米芾、元朝的赵孟頫、吾丘衍、王冕。

米芾（1051～1107年），字元章，号海岳外史，又号襄阳漫士。是与苏东坡等齐名的宋代四大书法家之一，同时又是著名的画家、收藏家。北宋晚期，精通绘事的宋徽宗曾授予米芾画学博士，又擢礼部员外郎。礼部郎官旧称南宫舍人，所以人们又称他"米南宫"。他博学多艺，著有《书史》《画史》《宝晋英光集》《宝章待访录》等。

他是一个极有个性又嗜古如命的人。传说他知道皇帝有一方极好的砚台，朝思暮想，一直没有机会上手。一天皇帝命他作书，他赶快趁机请求使用皇帝的御砚。待字写好，便露出了"醉翁之意"，他对皇帝说："臣已将陛下宝砚弄脏了，不如就赐予臣下吧。"皇帝爱其有才率真，就答应了他。他高兴得连墨汁未及倒尽，便揣入怀中，兴高采烈、手舞足蹈地跑回家中。还有一次在船上，他的一位朋友让他欣赏自己收藏的一幅晋人书法，自称"宝晋斋主人"的米芾赞叹不已，便向

图 231 宋代 张同之·野夫　　　　图 232 米黻之印

友人索要，朋友舍不得，他扶着船沿就要往江里跳，朋友对他的嗜古如命总算有了一些领教。

米芾的传世书画上多钤有自己的印章，在他以前隋唐书画家还从来没有在作品上钤印的习惯。故宫所藏褚（遂良）摹《兰亭》有一段米芾的题跋，其上他连用"米黻之印"（图 232）、"米姓之印""米亚之印""米亚""祝融之后"5 印。世传米芾的印章皆自篆自刻。当时的印材多为牙、骨、玉、铜等较硬的材料，一般文人多将印文用篆书写好后，请专门的刻印工匠刻制，元代赵孟頫、吾氏衍都是如此。从印文上看工丽整饬，刻制水平还是很高的。米芾能写篆书，设计印稿当无问题，从他的印章上看，刻制多较粗糙，说他是自刻，因印材硬，刻制不如工匠熟练是完全可能的。米芾的印章虽然受到当时九叠文印风的很大影响，但这种历史的局限并不妨碍他文人印开山祖师的地位。

米芾不但自刻印章，也是印章诞生以来两千多年中第一个阐发治印用印之法的人。如他主张鉴藏印要采用细边细朱文印，这样就不会污损书画，注意到了印章风格与功用（收藏书画）的协调统一，可以说是印史上最早的印论，至今仍为篆刻家和收藏家普遍遵循。

赵孟頫（1254～1322 年），字子昂，号松雪道人。浙江吴兴人。他是皇族，是宋太祖赵匡胤 11 世孙。入元，官至翰林学士承旨、魏国公，谥文敏。他才艺极高，书法温润闲雅，远接右军，是二王书风自唐颜真卿受挫以后几百年中，第一个高举回归二王正统古法大旗的一代宗师。其印也和他的书风一样细劲柔媚，匀整安妥，唐宋以来九叠文的积习为之一扫。他的印章依托他的书画传世的有"赵氏子昂"（图 233）"赵孟頫印""赵氏书印""大雅""松雪斋"（图 234）、"天水郡图书印"等等。以"其文圆转妩媚，故曰圆朱"（清·陈炼）。赵孟頫创立的"圆朱文"印风成为后世篆刻的一个重要门类。

但世人对他的气节历来非议颇多。前面说过他是宋朝宗室，祖、父皆为宋代高官。可惜 20 多岁时，南宋为元所灭。当时民族矛盾十分尖锐，为了笼络南方汉族地主，元世祖忽必烈派人专门到南方将赵孟頫等 20 多位江南名流请出来，授以高官。赵孟頫的仕元，在有强烈忠君爱国传统的古代，成为他的一大污点。在极讲人品的书法界，甚至不惜因人废字，有人说他的书法："过多妍媚纤弱，殊乏大节不夺之气。"（明·张丑）。

他的仕元当时即为许多汉族士大夫所不容。姚桐寿《乐郊私语》曾记载，一次赵孟頫从吴兴去嘉禾（今嘉兴）看望他的从兄大画家赵孟坚（1199～1295 年），以南宋遗民自居的赵孟坚闭门不见，幸亏嫂子从中解围，但刚一见面，90 多岁的赵孟坚便严肃地问已是 40 上下的小兄弟赵孟頫："吴兴的山水好不好！"赵孟頫连声说好。赵孟坚勃然大怒，斥责道："既然好，你还有什么脸面来见这大好河山！"赵孟頫满腹羞愧，默默而去。赵孟頫虽然仕元，但他的心中也常怀苦闷。他曾在诗中表述了他的痛苦心情："昔为水山鸥，今为笼中鸟""在山为远志，出

图 233 赵氏子昂　　　　图 234 松雪斋　　　　图 235 布衣道士

山为小草""何当乞身归故里,图书堆里消残年"。

吾丘衍(1272～1311年),又作吾衍,字子行,号竹房,又号布衣道士。嗜古学,工篆隶,能治印。他的最大贡献还是他为印坛留下了印学理论的开山名篇《三十五举》。

《三十五举》前17举论写篆书之法,后18举则专论治印。他旗帜鲜明地主张以汉印小篆为基础,这在九叠文一统天下的宋元时期实在有点惊世骇俗、众人皆醉唯吾独醒的味道。《三十五举》的复古思想对当时的印学发展有十分积极的意义,影响深远。很长一个时期内,印家人手一部,以为经典。后清代有好几部《续三十五举》《再续三十五举》行世,吾丘衍之学影响之大若此。元时,赵孟頫为高官显臣艺坛领袖,且长一介寒儒丘衍18岁,但在印学上也十分钦佩吾丘衍,晚年曾向吾丘衍学习。

吾丘衍的篆刻作品罕有流传,在传世唐杜牧名作《张好好诗卷》后,有吾丘衍篆书观款"大德九年吾衍观"7字,极工,又钤"吾衍私印""布衣道士"(图235)两印,白文,深得汉印神髓。

吾丘衍性行高洁,隐寓杭州,教学自给,从不愿与元朝官宦来往,朝廷廉访使徐琰来访,也被他拒于门外。后无辜被捕,义不受辱,投水而死。

如果说宋代米芾自篆自刻,尤有九叠乖谬之弊,赵孟頫篆印圆转婉丽、吾丘衍篆印工稳雅致而又惜乎皆借他人之手方能刻成,那么继起的王冕则独具慧眼,使用青田石为印,游刃恢恢,既有汉人法度,又洋溢着画家疏放的个性,更重要的是他的出现结束了延续2000多年的铜印时代,为文人在印章方寸天地中的自由挥洒开辟了道路。

王冕(1287～1359年),字元章,号煮石山农、会稽外史、梅花屋主。他早年家贫,无钱上学,整日放牛。但聪颖好学的他,常去学舍偷听老师讲课而把牛忘在山野间。母亲不忍,让他去寺庙做工,也好跟和尚学读书识字。王冕在做工之余,常坐在佛膝上映长明灯读书到深夜。会稽韩性听说他如此好学,深受感动,免费收为弟子,遂成通儒。但他在科举考试中却屡试不中,后绝此志。游元大都(今北京),秘书卿泰不华拟荐以馆职,他力辞不就,携家归隐诸暨九里山,种梅千株,桃杏五百,自号梅花屋主,以卖画为生,兼以著书治印。

图 236　方外司马

图 237　会稽佳山水

王冕刻印采用花乳石。今人考证这种花乳石当出于萧山，此石走刀类于今天篆刻最常用的青田石。过去印章多为铜、角之类的硬材，很难刻动，文人视为畏途。王冕采用花乳石，是印学史上划时代的事件，使文人学士可以自写自刻，得到极大享受。

王冕是画梅高手，他刻的印章我们也只能通过几幅他的梅花图卷上看到，计有"王冕之章""王元章氏""王冕私印""王元章""元章""文王孙""姬姓子孙""方外司马"（图236）、"会稽外史""会稽佳山水"（图237）等。他的印皆为阴文，吸取了汉铜印方正苍茫的特点，同时以一个寄情山水的画家胸怀，不斤斤于平稳匀称，运刀拙朴，如锥画沙，纵横适意，充分发挥了印石的质材特点，高古出尘。

正是由于元代文人首先把印石引入篆刻，出现了第一部系统的印学著作，对楷书入印进行了成功的尝试，从而奠定了元代在中国印学史上划时代的历史地位。

元代是中国印章从不自觉的实用艺术转向自觉的篆刻艺术的关键时期。

明清官印漫说

元末社会矛盾激化，农民起义风起云涌。红巾军后劲朱元璋采用朱升"高筑墙，广积粮，缓称王"的策略，广纳贤士猛将，终于在1368年在应天府（今南京）称帝，建立大明。在此后的几年中，朱元璋在矢志灭元的同时，也把他的战刀指向曾与他并肩反元的其他诸路农民起义军，最后在1387年完全统一了全国。

朱元璋在江山稳固后，很快废丞相，罢中书省，分相权于吏、户、礼、兵、刑、工六部。通过提高监察机关（都察院）权限，建立特务机构（锦衣卫），进一步加强了对官吏百姓的控制，从此中国历史上的集权政治又达到了一个新的高峰。

皇帝事无巨细的"操劳"，客观上使他的御宝越来越多，使用更为专门化。明初御宝数量已增至 17 方，传至 12 代皇帝明世宗（嘉靖皇帝 1522～1566 年）时，又增至 24 方，并固定下来。24 宝中绝大多数都有专门的实际用途。如"敕命之宝"专用于赐敕，"广运之宝"专用于奖谕臣工。前者我们还能见到其印痕，边长 11.4 厘米 ×11.8 厘米，它不采用两宋以来历代御宝用九叠文的传统，改用从秦代李斯、唐代李阳冰传下的匀细典正的玉箸篆，这种篆书"笔画两头肥瘦均匀，末不出锋"，乃"篆书正宗也"（清·陈沣《摹印述》）。这种御宝舍两宋的九叠文而直溯唐以上之玉箸篆，以及民间"印宗秦汉"的兴起，都预示着篆刻春天的到来。

明代除规定皇帝、王府之宝用玉箸文玉印外，内阁印用玉箸文银印，直钮，方一寸七分，厚六分；将军印用柳叶文，平羌、平蛮、征西、镇朔等印用螭鼎文，皆银印虎钮，方三寸三分，厚九分；其余都用九叠篆，铜印直钮；监察御史用八叠篆，铜印直钮，有眼，方一寸五分，厚三分。明代直钮已由两宋长方形板状钮变为椭圆柱状，加高到 8 厘米左右，形成后世俗称的"印把子"。史载朱元璋为防止各级使用预印空白公文，用半印勘合，遂出现了长方形的官防。明代官印背款皆凿年款及编号。

"朵甘卫都指挥使司印"（图 238），银印直钮，边长 9.4 厘米，通高 9.4 厘米。印背右凿"朵甘卫都指挥使司印，赐南葛监藏"两行。左凿"礼部造，永乐五年二月日"，印左侧还有千字文编号"智字三十七号"。《明史》记载，南葛监藏及其父为藏族首领，与明廷十分友好，曾派人到中央朝拜献马。所以永乐五年（1407 年），明朝在今四川甘孜一带设朵甘卫都指挥使司时，就委任南葛监藏为最高军事行政长官——都指挥使。并在其下设若干宣慰司、招讨司、万户府、

图 238 明 朵甘卫都指挥使司印

千户所等，官员由其举荐，中央任命。明代注意通过西藏上层及宗教人士加强对西藏的管理，至今西藏文管会还收藏有"灌顶国师阐化王印"等许多明颁西藏地方各级宗教领袖公印，这对了解西藏自古是中国领土的一部分有重要意义。

应该特别指出的是，两宋之时，九叠文中所谓的"九"是一个概数，极言其多，不一定确为九叠，可能只有五叠、七叠，叠即一字中横画的层数。如北宋"神卫左第一军第二指挥第二都朱记"（见图193），"神"字即为七叠，"记"字只有五叠。明代九叠文"九"多为实数，即每字皆有九层横画，此为普通百官印规格，因为明代监察御史地位特殊，故特别规定其印用"八叠篆"。

明代规定将军印用柳叶篆，即一种笔画两头细中间粗，状如柳叶的篆书。如1964年在清理南京玉带河河底淤泥中发现的"荡寇将军印"（图239）。

此印银质，伏虎钮。边长10.4厘米，高7.5厘米，重3.2千克。背款左刻"崇祯拾陆年拾月日礼部造"两行11字，右侧刻"荡寇将军印"，印左侧面刻千字文编号"崇字捌百柒拾号"。此为明末崇祯皇帝赐给白广恩的官印。白广恩原籍陕西，曾为明末农民起义军混天猴部下，后投降明朝，官至蓟县总兵，镇守山海关。崇祯十六年（1643年），因抵御清军入关失败，畏罪逃回陕西，效力于明将领孙传庭麾下，后一度兵败投降李自成。李自成兵败后，他转而匍匐于清廷脚下。此印可能是崇祯十六年十月孙传庭全军覆灭，明朝病急乱投医，慌忙在北京铸成"荡寇将军印"准备授予白广恩，促使白为其卖命。可惜印刚铸好未及送出，不争气的白广恩已投降李自成。这方印随清军的入关，明朝的南溃，流落到南都（南京），不久清兵又穷追至此，自立于南京的福王朱由崧弘光小朝廷也慌忙南逃，此印随不便携带的坛坛罐罐一起抛进御河（玉带河）中，所以与这方柳叶文印伴出的还有许多珍贵的明代瓷器及残片。

当年骁勇多谋的朱元璋终也不能保佑朱明江山长安永固，1644年，传16帝277年的明朝覆亡了，代之而起的是破关南下的东北虎，曾建立金朝东山再起的女真人。

1616年，女真酋长猛哥帖木儿的后代努尔哈赤（1559～1626年）称汗，他姓爱新觉罗氏，意即女真金朝的遗族。1636年（明崇祯九年），努尔哈赤之子皇太极（1592～1643年）在沈阳称帝，改国号为"大清"，改族名为"满洲"（辛

图 239 明 荡寇将军印　　　　　　　　　图 240 清 和硕怡亲王宝

亥革命后通称为"满族"）。1644 年，清人入主中原。

清代百官印等级区分同样十分严格。印章普遍有所增大。其字体有蒙古文楷书、满文、汉篆等，最常见的是汉满文对照同时出现在印面上，这也是清公印的一大特点。其中汉篆中，九叠文不太兴盛，出现了玉箸篆、悬针篆、柳叶篆、芝英篆等等，也算丰富多彩了。

乾隆以前公印中满文都用楷体，乾隆十三年（1748 年），将入印满文也改制成篆文。

如"和硕怡亲王宝"（图 240），汉篆为芝英体，篆书满文也与汉篆一致多呈燕尾状。芝英篆即摹拟灵芝草的象形书。又如西安博物院藏乾隆十七年铸"陕西绥德城守营都司金书之关防"，边长 9.8 厘米 ×6.3 厘米（图 241）。

至同治初年，因战争频繁，官印多有遗失，再铸公印，在满汉文中间又加一行满文楷书。如清同治四年（1865）铸"临潼县驻关山镇县丞关防"（图 242），边长 7.8 厘米 ×4.6 厘米。又如同治元年十一月"合水县印"（图 243）。

清代公印背款既有汉文，也有满文楷书，既有监造机构名称和年款，还有清帝年号的首字编号，顺治帝时公印则刻"顺字 ×× 号"，依此类推。如"临潼县驻关山镇县丞关防"，印侧右刻"同字五百五十九号"，左侧刻"同治四年十二月"；"合水县印"印背刻满汉文"合水县礼部造"，右侧刻"同字一千一百零四号"，左侧刻"同治元年十一月　日"。

170　方寸大千 —— 中国古代玺印篆刻

图 241 清 陕西绥德城守营都司金书之关防

九叠文的盛行和文人印的发轫 / 171

图 242 清 临潼县驻关山镇县丞关防

图 243 清 合水县印

不法常可——农民起义政权印章

在漫长的中国古代社会中，每一朝代建立之初，总如"早上八九点钟的太阳"，有几分蓬勃向上的生机。然而，专制的政体下，高度皇权在开国君王的后代身上总渐渐变味为权力的滥用，政治的腐败，人民的饥寒交迫。于是，从秦代中国封建社会第一次大规模农民起义到清末太平天国起义，苦难的中国农民被迫一次次揭竿而起，为争取自己的生存权利而斗争。在这些农民起义军建立的政权中，具有叛逆性格的人们藐视朝廷的纲常礼法，反映在他们使用的公印上，也往往不法常可，别树一帜。其中以元末红巾军起义中徐寿辉天完政权使用的圆印、明末李自成起义时大顺政权使用的独特印章名称、清朝太平天国起义使用的楷书公印最富特色。

元末农民大起义中，有徐寿辉一支，他1351年在蕲州（湖北蕲春西南）起义，国号"天完"。一度占有湖北、湖南、江西一带的广大地区。1359年，在南方红巾军的蜕变中，徐寿辉为陈友谅杀死。天完政权的公印在原来九叠文公印基础上再加一圆框，方圆之间的空隙以云纹添实装饰，秦汉以来1500年中，公印皆为正方形或长方形，独天完政权别出心裁，用圆印，而且印面都很大，如"管军万户府印"（直径13厘米）（图244）、"汴梁省管句所之印"（直径10.2厘米）、"统军元帅府印"（直径13厘米）等等。

明末政治黑暗，党争激烈。土地高度集中，农民濒临绝境。加之连年灾荒，哀鸿遍野，北方农民只好吃树皮。1628年，陕西北部延安府"一年无雨，草木枯焦"，百姓食尽蓬草，再剥树皮，树皮吃光，又吃"青草石"，直至腹胀下坠而死。有的地方甚至以人骨为柴，煮人肉以食，"死者枕藉，臭气薰天"（《明季北略》）。然而地方官依然催租索赋，急如星火，终于把饥民逼上造反的道路。是年，澄县首先发生饥民暴动，一时风起云涌，米脂人李自成这时参加了"闯王"高迎祥的队伍。高迎祥牺牲后，他继续领导这支起义军进行不屈不挠的斗争。1640年，起义军打出"均田免粮"的口号，破洛阳，杀福王，士气大振。1643年，李自成攻破潼关，击毙孙传庭，占领西安。1644年（崇祯十七年）正月，李自成改西安为长安，称西京，建国号"大顺"。3月19日，大顺军直捣明朝大本营北京，殚精竭虑而又无力回天的崇祯皇帝在煤山自缢。李自成进京后，上层领导腐化堕落，没有经受住进城执政的考验，终导致吴三桂为红颜冲冠一怒，引清兵入关，起义

图244 元末 管军万户府印

军仓皇退出北京。次年4月，李自成在湖北通城县九宫山遇难，年39岁。李自成起义的失败，为历史留下了沉重的思考。

李自成在建立大顺政权的短短一年中也曾颁发公印。当时他为避他的父亲李印家的讳，把印改称契、符、记、信等等。如"三水县信"（图245）、"鲁山县信"（图246），"辽州之契"（图247）、"汲县之契"（图248）、"通政司右参议之记"、"夔州防御使符"等。其中除"汲县之契""辽州之契"背款铸印年月刻"癸未年十二月　日造"为李自成1643年临进西安建立大顺政权之前颁发的公印外，其他各印背款都有大顺政权的年号"永昌"字样，如"鲁山县信"印面边长7厘米，背款右刻印面释文"鲁山县信"，左刻铸印机构及年代"礼政府造，永昌元年拾贰月　日"，左侧刻官印千字文编号"安字叁拾玖号"。

1840年鸦片战争后，英国人的坚船利炮敲开了大清帝国的大门。人民陷入更加深重的苦难之中。1851年，38岁的洪秀全领导农民在广西金田村发动起义，建号"太平天国"。后攻克南京，改称天京。经过西征和天京破围战，太平天国占据了从武汉到镇江一带的长江水路和沿岸的重要城镇，气势如虹。然而军事的胜利使这一农民政权领导集团内部的矛盾显现出来，最后甚至发展为内讧火并，东王杨秀清、西王韦昌辉被杀，翼王石达开又率10万将士与洪秀全分道扬镳。从此太平天国江河日下。1864年，在内外交困之下，天

图245 三水县信

图246 鲁山县信

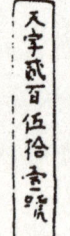

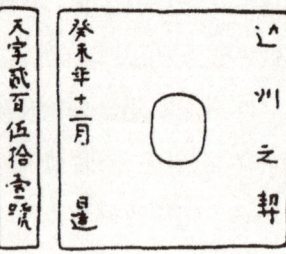

图 247 辽州之契

图 248 汲县之契

京失陷，历时 14 年，波及 18 省的太平天国起义失败了。

太平天国公印最大特点是：第一，印文用楷书。它是中国历史上最早通行楷书公印的政权，是实用公印由篆书转向楷书的里程碑。第二，印面特别大。第三，印文与印边间有一云水龙虎等组成的饰带。

现已发现太平天国印玺多方，其中以现藏中国国家博物馆的一方最大（图 249）。此印边长 19.4 厘米，为玺印中罕见巨制。边饰富丽，两侧为龙，上为双凤，双凤间一轮红日，下为海涛，暗喻龙凤朝阳，旭日东升。太平天国农民政权旗帜鲜明地主张"文以纪纲，一目了然"，废弃通行两千多年的篆书入印的传统，叛道离经，采用宋体楷书入印。此印共44字，从印面上看，颇像中国传统雕版印刷的一块书版。印文的读法及个别句子的含义至今众说不一。一般说来，多从中间剖读。其中胡适的学生、专治太平天国史的罗尔纲先生读作："太平玉玺，天父上帝，恩和辑睦，天王洪日，天兄基督，救世幼主，主王舆笃，八位万岁，真王贵福，永宝乾坤，永锡天禄。"

1974年，在浙江海宁农民拆房时发现一太平天国木印。发现时木印外包红布，布上盖有黑色印文。木印长9.8厘米，宽4.6厘米，厚1.9厘米。印面中部有"太平天国浙江海宁州前军右师左旅帅"（图250）16字，四周饰虎纹等纹饰。这是一方太平天国乡官旅帅的公印。太平天国乡官制度仿照太平军军制编组，各级乡官名称和太平军正式军官名称相同。每旅有旅帅1人，管理500家。

图 249 太平天国印

图 250 太平天国木印

方寸大千 中国古代玺印篆刻

乾隆甲午秋得漢祀三公山碑
于元氏縣屬王明府移置龍
化寺作此印紀之小松

腾波而起蔚为大观的明清流派印章

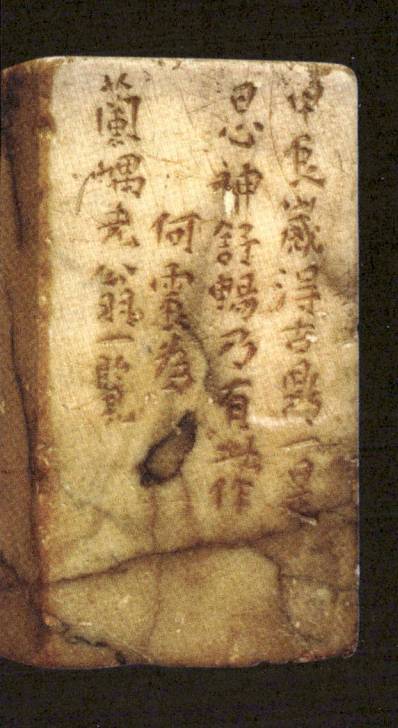

如果说元代，石章初入印坛，了解它的还只有王冕等少数印人，后来的吾丘衍作《学古编》，其中《三十五举》重在说篆浅于论印的话，明代中期文彭而后，印石为印人广泛使用，印章艺术的载体已完全由铜转为石，印人游刃耕石已成赏心乐事。学养丰厚的文人已取代并不究心篆学的印工，涉印文人大有"家家仓籀（创立文字、篆书的仓颉和史籀），人人斯邕（篆隶书家的鼻祖李斯、蔡邕）"之势（明·苏宣语），印章艺术已从不自觉的秦汉玺印转向自觉的流派篆刻。

明代印人自觉地越过晋宋印学的低迷直追秦汉优良传统，集拓摹刻秦汉古印成为一代风气。与元代印论的初萌相比，明代印人广泛系统地阐发自己的印学思想。仅明晚期70多年中，有分量的印学著作即有20余部。他们从治印的篆法、章法、刀法，印章的情调意趣，乃至古印摹刻、创作态度、艺术批评、继承与创新等诸多方面深刻地阐发自己的见解，并指导自己的实践。明季印坛高手如云，其中成就最高者当推文彭、何震、苏宣、朱简、汪关五大家，他们是推动明代"印起八代之衰"的主将。

伴随着考据学、金石学大兴的清代的到来，流派印坛更是如火如荼，印人辈出。及丁敬、邓石如出，他们或以切刀，拙朴雄健；或以冲刀，婀娜洒脱，不复以奇巧纤媚为念。晚清诸家中吴让之、赵之谦、黄士陵、吴昌硕，更是素养全面，富于创建的印坛巨擘，他们的杰出印艺是对三千年中国古代玺印与篆刻艺术的圆满总结，至今仍如秦汉玺印一样深深泽惠着当代印坛。

隽永清丽的文彭

文彭（1498～1573年），字寿丞，号三桥。江苏苏州人。曾任两京国子监博士，人称文国博。他是明代书画大师文徵明的长子，诗书印均能传其家学，书法时有出蓝之誉。至于篆刻，更是文彭毕生所好，由于他对石章推广的重大贡献和逾越宋元直追秦汉的印艺，誉满天下。周亮工《印人传》故有"印之一道，自国博开之，后人奉为金科玉律"之说。

早年文彭即对六书有精深研究，他也像前人那样设计印稿，然后请刻石名匠李文甫代刻。抗战时曾出土一方"七十二峰深处"象牙印（图251），印侧刻行草款"文彭"二字。印文典丽，印边剥蚀无存，更添几分仙山云绕的优雅意境。印底用刀铲平，可能即为李文甫代刻的文彭早年作品。从印风上看，早年文彭已将秦小篆和元代圆朱文风格完美地糅合在一起，形成了他自己清丽隽永的印风。相似风格的作品，还有传世的"琴罢倚松玩鹤"等。

明初曾以南京为都，故南京也设有国子监，即全国最高学府。隆庆年间（1567~1572年），文彭曾任南京国子监博士。一天他见到一赶驴老者正与一商人争执不休，他便上前询问。老人说："他说要买我几筐石料，我赶驴过江远道而来，他又故意压价，因此争吵，不想惊动了大人。"文彭仔细一看，原来是做妇女装饰品的石料。敏感的艺术直觉告诉他这些石头可以加工成章料刻印。于是说："你们别争了，这四筐石头我都要了，加倍给钱。"返家后令人将石料解开，竟是上佳的"灯光冻石"。当时文彭的好友司马汪道昆过访文家，见佳石累累，爱不释手，索去百余，一半留请文彭治印，一半拿去请何震奏刀，石印遂在文人中广为流布。文彭与元代王冕不同，王冕是闲云野鹤式的隐士，处居偏僻山间，故他当年在文人中首用印石，影响未广。文彭则为名门之后，绍承家学，博通诸艺，尤以篆刻见长，且从游交往者多为一时名流俊彦，所以与王冕的"独善其身"不同，文彭对灯光冻石的发现和使用对印坛影响极大。相传汪道昆到北京后，一次谒见冢宰，冢宰说："文国博为你刻了那么多印章，为什么我求刻一印却久而未得呢？"汪道昆笑答："石章太重，不便邮寄，您既喜欢国博之印，何不把他调到北京呢？"果然，不久文彭就调到北京国子监，任博士。于是世称文彭"两京博士"。

图251 七十二峰深处

图252 文彭之印

文彭对秦汉印的平正茂朴心摹手追，这在他的白文印中表现尤为明显，而他的朱文印较多元朱文圆转清丽的风采。周应愿《印说》称赞他"白（文）登秦汉，朱

（文）压宋元"，实为的论。这在他的两方石质"文彭之印"（图 252）中表现十分充分。为了追求印章的苍茫古趣，据说他还常把刚刻好的印章让童子放在盒中"尽日摇之"，传世文彭印章多四角及边残损，也许即有几分文彭做印的因素。

由于文彭的巨大影响，从学其印者颇多，著名者如李流芳、归昌世、陈居一、顾苓等，形成印坛的第一个流派"三桥派"，因以苏州为中心，又称"吴门派"。"由兹名流竞起，各植藩围，玄黄交战，而雌黄甲乙，未可遽为定论"（朱简《印经》）。可以说吴门派的形成，是百花齐放的明清流派篆刻艺术的第一枝报春之花。

猛利豪宕的何震

何震（1530～1604年），字主臣，又字长卿，号雪渔。徽州（今江西婺源）人。他久居南京，与文彭过从甚密，文彭长他30多岁，既是他的老师，又是他的朋友。

何震早期篆刻受到文彭的影响，1572年，即文彭去世前一年，顾从德集秦汉古印1700余方钤成原拓本《集古印谱》，这是几千年来印坛空前之举。何震从此而直追秦汉，神而化之。汲取汉铸印、凿印、玉印的不同形式与表现手法，并以职业印人对印石特性的透彻了解，参以凶狠的冲刀之法，终于达到了"各体无所不备，而各有所本，复能标韵于刀笔之外"的佳境。"笑谭间气吐霓虹"（图 253）为何震晚年（1604年）所刻之印，从中我们可以感受到他的用刀的猛利、肯定和痛快。

何震生前除常蒙教于文彭，也得到文彭的挚友汪道昆的提携。当年文彭率先发现灯光冻石，汪道昆即喜而索之百余，一半请文彭治印，一半请何震奏刀。何震的印极得汪道昆赏识。为了表示感谢，他邀何震去北方边塞游览，由于汪氏的广为延誉，当时大将军以下皆以得何震一印为荣。

何震的印作大别于他的师友文彭，猛利的风格感染着整个印坛，名震东南，被推为徽派（或称"新安派"）的开山大师。身后声名更高，只字片石价与金同。

作为职业的印人，何震生前留下了大量作品。在他去世20多年后，心仪其学的程原、程朴父子集何印5000多，选摹1500方刻成《忍草堂印选》，其影响之大，可见一斑。

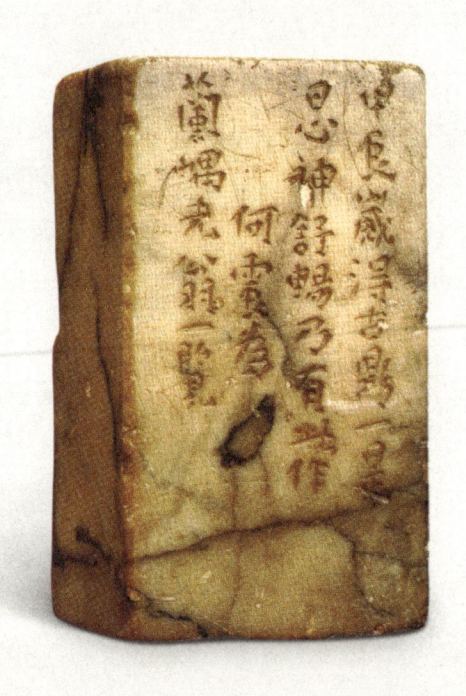

腾波而起蔚为大观的明清流派印章 / 181

图 253 何震 笑谭间气吐霓虹

雄健浑朴的苏宣

苏宣（1553～？年），字尔宣，又字啸民、郎公、号泗水。安徽歙县人。1626年以后尚在世，具体卒年不详。

苏宣父苏江，善古文，与明代篆刻的泰斗文彭有交。苏宣幼承庭训，博览经史。然而满腹经纶并没有掩盖他豪爽侠义的性格。他少好击剑，曾因打抱不平，仗义杀人，遁迹于海淮之间。父友文彭把落难的苏宣收为弟子，引导他走上篆刻之路。据说文彭的"任侠自喜"一印即是为他所刻。由于他师事文彭，与文彭的高足何震也就有了交往。后他漫游大收藏家松江顾从德、嘉兴项元汴（1525～1590年）处，得览大量秦汉古玺原物。所以他能近取文彭、何震之长，远溯秦汉雄风。他"始于摹拟，终于变化"（苏宣《印略·自叙》），熔铸古今，形成了自己雄健浑朴的艺术风格，大有与文彭、何震鼎足天下之势。故清代著名印学家周亮工称："印章汉以下推文国博为正灯矣。近人惟参此一灯，以猛利参者何雪渔，至苏泗水而猛利尽矣。"（《印人传》）

苏宣时代刻石印已不算稀奇，但刻银、铜能如切石一般恢恢游刃而又能尽得汉人之法，则罕有闻之。如"张灏私印"，银印，出汉朱文一路，结体安详，线条浑穆，笔画之间和笔画与边之间的粘连颇有汉铜印风采。另一方"张灏印章"（图254），铜质，大刀阔斧，饶有古意。传世汉代铸造铜印，一则由于制造方法是铸，二则是由于年代的久远，印面线条多棱角磨损，显出圆融浑朴的特点，这是后世新凿铜印极难摹仿的效果，非功力精深绝难达到。另外，他的"啸民"取法金文，"深得酒仙三昧""我思古人实获我心"糅合了当时流行的柳叶篆和古代篆书的别体，可见他涉猎之广，更可贵的是他又都能在师古的基础上加以变化。

苏氏对印学也极有研究。1617年汇自刻印765方成《苏氏印略》4卷。在此

图254 张灏印章

书的序中姚士慎对他的篆刻进行了总结："其书篆隶错出，不名一家，镌法亦变幻多端，不主故常，要以归于浑朴典雅。"十分精辟。苏宣开创了"泗水派"，追随其艺者有何通、程远等。

碎刀出新的朱简

朱简，字修能，安徽休宁人。主要活动于明万历天启年间（1573～1627年），具体生卒年不详。

朱简工文而善诗，受业于明末著名文学家、书法家陈继儒（1558年～1639年），与当时著名的文人、书画篆刻家李流芳、赵宧光互有唱和，还曾给明代大文学家汤显祖、钱谦益、大书法家米万钟等刻印，确实"谈笑有鸿儒"。宽博的学养、卓越的见识，为他的篆刻创作和理论研究打下了坚实的基础。

他首创一种短刀碎切的刀法，一根线条往往由往复的几次短切刀组成，使线条的顿挫、光涩富于变化，显出生辣、险峭、苍茫的神韵，如"又重之以修能"（图255）。这种刀法到清代丁敬为首的西泠八家加以总结纯化，形成以切刀为特征的浙派。故清代印学家魏锡曾说："修能碎刀，为钝丁（丁敬）滥觞。"清乾嘉时著名篆刻家董洵亦曰："余向藏朱修能《印品》《菌阁藏印》二种，其印有超出古人者，直有明第一作手。"印史专家周亮工也说：何震以后，继起者不乏其人，"予独醉心于朱修能"。

朱简在刀法上的创新意在追求古朴的效果，他的拟古之作更是直入周秦堂奥，这与他曾遍览顾从德、项元汴、赵宧光等大收藏家所藏古玺、汉印有关。如他自刻名印"朱简"（图256），深得古玺三昧。"邾"字竟取东周鲁南小国邾国写法，渊源有自，若置战国古玺中几难分辨。明人借鉴古玺，并非始于朱简，

图255 又重之以修能

而能得其古奥神髓，唯朱简一人。

　　大凡富于创新的印坛大家，往往非只能于创作一端，而印学理论也有建树，见解独到。从元代印学复兴以来，印坛流行"秦汉以上无印"的说法，朱简首先明确指出那种宽边细朱文的小型古印乃"先秦以上印也"。直至150年以后，印坛才渐渐对战国古玺取得共识，朱简作为孤独先知的慧识令人钦佩。另外，他不畏权威，对当时印坛诸雄的印作也不迷信。如他在《印品》中专列"谬印"篇，据实指出当时大家何震、梁千秋等的某些印章篆法、章法上的失误，这种不为贤者讳的求实精神实在难能可贵。他还著有《印书》《印图》《印品》《印章要论》《印经》《印学丛说》和《集汉摹印字》等书，非但在明代，就是在上下500年的整个明清印坛上也堪称印学大家。

图 256 朱简

雅妍工致的汪关

　　汪关，初名东阳，字呆叔，安徽歙县人，久居娄东（今江苏太仓）。主要活动于明万历年间（1573～1620年），殆与朱简同时。万历甲寅年（1614年）因在苏州得一汉铜印，文曰"汪关"，遂更己名，并颜其居为"宝印斋"。

　　古印传今，多经腐蚀斑驳，或喜其古穆，心摹手追，在刻印的同时敲边残画以求古趣，前举明季四大家多属此路。而汪关自藏古印200余，这在明末印坛大家中并不多见，他细心把玩揣摩，透过秦汉印斑驳的表面现象，直追古印初成时完整无缺的神韵。由于他对古印追其原本的独特视角，使他能摆脱文彭、何震、苏宣对印坛的笼罩，他的白文印和缪篆朱文印，专师汉铸，篆法精严，布局安详，莹润平和（图257）。小篆朱文印专攻圆朱，堂皇婉畅，举止有度，含蓄静穆。无论是朱文还是白文，在两笔交汇处多刻或焊接点状，这也与用毛笔书于宣纸，两笔相交，因两次过墨，涨墨痕迹明显一样，显得圆融敦厚。另外他尝试的鸟虫书白文印等，也极得古法，雅致可喜（图258）。

由于他冲刀的纯熟畅达，线条的秀逸雍容，章法的匀整妥帖，深得汉人神髓，加上书画家李流芳等广为延誉，汪关为明末书画名家及各界名流刻印极多，如董其昌、赵宧光、王时敏、钱谦益、徐光启等人用印，多出其手。

图 257 赵宧光印

图 258 汪泓之印

汪关的独特印风开娄东一派，其子汪泓、清初的沈世和、林皋等都受到他的影响。

嘎嘎独造的丁敬与西泠八家

现代印坛巨匠齐白石回顾自己的篆刻道路曾有诗云："印见丁黄始入门。"丁黄者，何许人也，竟使得一代印坛巨擘如此心折不已？他不是别人，正是西泠八家的主将、浙派的开山祖丁敬和西泠八家的中坚黄易。

丁敬（1695～1765年），字敬身，号砚林、钝丁、龙泓外史等。浙江杭州人。早年在艮山门外开一酒店，以卖酒为业。但他绝非坊肆间的平庸小辈，他"嗜好金石文字，善书工诗，精于鉴别，慧眼独具，秦汉铜器，宋元名迹，寓目即辨"（《道古堂文集·隐君丁敬传》）。耿介的他对功名却十分淡漠，地方上曾举荐他应"博学鸿词"科，被他拒绝。但却时常不辞劳苦往来于扬州、杭州之间，与同有金石之好的金农（扬州八怪之一）、汪启淑（著名玺印收藏家）谈艺切磋，乐此不疲。

对于热爱篆刻艺术的晚生后学，他也悉心指点。当年浙江海盐有一个名叫张燕昌（1738～1814年）的青年，醉心于金石篆刻之道，苦于无人指点。他听说杭州有个著名的篆刻家丁敬，遂准备前往求教。但他很穷，想到海盐南瓜很好，就选了两个各重十几斤的大南瓜背上，走了一天的路，终于找到了丁敬。他的真诚感动了丁敬，已是年逾花甲的他对这个农村青年认真指点，后来张燕昌终于成为清代金石大家。

丁敬对碑刻古籍有极深的感情。他乃一介寒士，但每次见到好书，不惜典当自己的衣物来换取。他还曾对西湖周围的古代石刻进行过系统考察，搜访无遗，对深山悬崖间的古人题刻，也不顾荆棘险阻，攀登扑拓。遇佳妙者，往往流连终日，不忍离去。后来他整理研究，著成《武陵金石录》等书。

丁敬生活的康熙、乾隆时代，是金石学大兴的时期，就篆刻来讲，明末文彭、何震、苏宣、汪关的影响很大，几乎笼罩了整个印坛。丁敬在广泛汲取秦汉、元明印艺之长的基础上，出语惊人：

古人篆刻思离群，舒卷浑同岭上云。

看到六朝唐宋妙，何曾墨守汉家文！

于是他继承发扬明代朱简的碎刀法，融汇汉铜元朱，终于创立了浙派。

"龙泓馆印"（图 259）是一方取法汉铜的印章，但他并不落秦汉人以及明人仿汉印的窠臼。尤其在刀法上，他采用长短不一的短切刀，徐徐切进。直线中穿插以弧线斜线，即使直线也因短切刀的连续动作而暗含起伏，使线条的律动弥补了汉印平正而易导入的板滞，达到了他自己所推崇的秦汉印"神流韵闲，不可捉摸"的高妙境界。在他圆朱文一路的印章中，他也能学元人而出新意。如他刻的"敬身"自用印（图 260），切刀法的纯熟运用，线条若断若连，使印章在渊雅曲劲，古穆凝重上都超过了元人。

丁敬的篆刻艺术给我们两个重要启示：首先，篆刻家要有深厚而全面的国学修养，对传统文化要有深刻的见解。丁敬虽为布衣，但他志存高远，对碑版、书画、诗文都有极深造诣。其著有《砚林诗集》《龙泓山人集》等，观其书名已能想象他的诗文功力。在他的印款中更是时常流露出他对传统文化的深刻理解。其次，要打得进去，更要打得出来，如食古而不化，终为印奴。

丁敬以前 100 多年中以明代五大家为代表的篆刻大师在汲古出新上已广有建树，其他篆

图 259 龙泓馆印

图 260 敬身

刻家翕然影从。似乎篆刻园地已没有什么可以开垦的处女地了。篆刻不就是拿刀在石头上刻吗？难道还有什么别的方法？丁敬偏偏自辟蹊径，在冲刀之外，创立切刀。浸淫传统，戮力创新，终于奠定了他印坛大师的地位。其风格之新，影响之巨，声誉之隆，远逾前贤。从学私淑者如云，其中更以蒋仁、黄易、奚冈、陈豫钟、陈鸿寿、赵之琛、钱叔盖为个中翘楚，他们与丁敬合称"西泠八家"，统领印坛风骚近200年。

黄易（1744~1802年），字大易，因其父名松石，故又号小松，杭州人。黄易的父亲与丁敬是世交。"析碑论古，晨夕过从"。黄易幼承家学，善诗文，工书画，篆隶尤精，古穆静雅。他平生有金石之癖，曾遍访天下名碑，每见碑碣摩崖，哪怕是片石只字，也要摹拓考证。曾自绘《访碑十二图》，详记考古有关事迹，图文俱佳，成为乾嘉小学大兴时的一枝奇葩。汉隶、唐楷向为书史典范。而山东为汉碑渊薮。黄易在山东兖州、济宁任官时，对济宁地区的汉碑悉心搜集研究。汉画像石是指汉代祠堂墓壁上刻有大量有关神话、历史故事、日常生活等图像的石材。汉画的博大雄浑及史料价值素为艺术史家考古学家称道。鲁西南是全国汉画像石最集中，序列最完整，价值最高的地区，其中又以东汉嘉祥的武氏祠最负盛名。而武氏祠东汉以后因水患淹没于地，乾隆年间就是经黄易重新发掘才得以保护。现为全国重点文物保护单位。作为清乾、嘉时期卓越的金石学家，他给我们留下了《小蓬莱阁金石文字》《小蓬莱阁金石目》《嵩山诗碑日记》等重要著作。

黄易的篆刻以他深厚的金石学为基础，直接师承丁敬，远溯秦汉，兼及元明诸家，渊雅醇古，有出蓝之誉。早年丁敬见到他的篆刻作品时，便感叹："他日传龙泓（丁敬号）而起者，小松也！"对他寄予厚望。后人以丁黄并称。清末夏銮翔（？~1864年）曾说："本朝丁钝丁翁尚精，事奇古，黄小松步武之，极有神似处。"

乾隆三十九年（1774年），黄易委托友人杨鹤洲，在元氏县访得东汉《祀三公山碑》，杨氏将拓本寄予黄易，由黄易考证内容，并作释文。乾隆四十二年（1777年），王治岐出任元氏县令，黄易即嘱咐其将碑石移置城内，与旧有的《白石神君碑》一起集中存放。此碑遂名垂书史，大显于时，当代艺坛大师齐白石书法篆刻皆深

图 261 小松所得金石

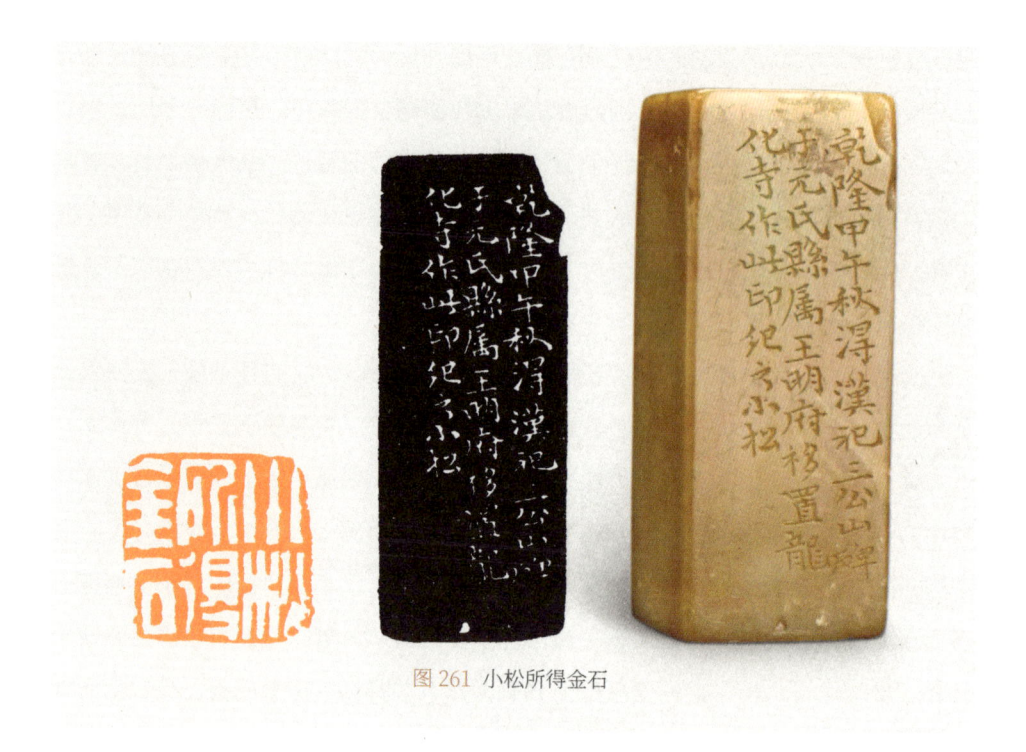

受此碑影响。当时黄易就刻了方"小松所得金石"（图 261）以为纪念。从此印用刀的率意大气泼辣，我们似乎可以想见金石学家黄小松在山岩幽绝处访得这方浑朴磅礴的汉碑时大喜过望的心情。深厚的学养，龙泓、秦汉的浸淫，眼前奇伟雄健汉碑的激荡，使他的艺术创作的冲动难以抑制地流露出来。多字印极难安排，均匀划一，则呆板如算子，极力变化，又易乱作一团。此印为求得整齐中寓变化，主要在字的大小，用刀的轻重上匠心独运，如"所"字户部重，如果"得"双人旁亦重，则必失衡而益显"金石"2 字为小，所以"得"字双人旁从轻，一则更显刀中有笔，二则全印亦见变化、节奏。

深厚的学养、丰富的艺术实践，使黄小松在印论上往往有惊人之语。如他说篆刻要"小心落墨，大胆奏刀"一语道破篆刻三昧，至今为每个篆刻家奉为信条。

蒋仁（1743～1795 年），本名泰，字阶平。后于扬州平山堂得到一方汉印，文曰"蒋仁之印"，喜不自禁，乃易名蒋仁，更号山堂。

他和丁敬一样是浙江杭州人，而且亦世居艮山门外。丁敬 70 岁卒时，蒋仁已有 22 岁，可惜我们已无法了解丁敬与蒋仁是否有师生关系。

蒋仁一生孤贫宁静，不谙世故，无心功名，唯钟情于篆刻、书画和诗文。他的诗清雅隽永，山水画亦富超然神韵，书法潇洒超逸，都享有时誉，当然最负盛名的还是他的篆刻。

他平生服膺丁敬，苍劲中别饶逸致。"蒋山堂印"（图 262）是他的代表作。此印 4 字中，"山"字笔画极简，而"蒋"字极繁，他稍作挪让，既避免了繁简的强烈矛盾，又破除了平板，使全印呈平淡安详轻丽之姿。用刀浑然无迹，绝无浑浊纤巧之弊。人评其印"鹤游于天，无一丝市俗之气"，当非虚言。"摩三"（图 263）是蒋仁的一方白文印，切刀的老到沉稳所流露出的凝重淳古，把刀法的魅力表现得淋漓尽致。

蒋仁极有艺术家的傲骨，性情耿介，不轻为人奏刀。当年官场有人极力推荐他入仕，他一再托病不出，甘愿在风雨难避的寒舍中终日与妻子儿女、诗书画印为伴，然而他内心世界的自由与充实又怎是一般锦衣玉食的富绅俗吏可以相比的呢？

奚冈（1746～1803年），号铁生，别署奚道人、蒙道人、蒙泉外史、冬花庵主等。杭州人。他喜饮酒，性格豪放不羁。天分很高，9岁即能作隶书。及长，工行草，善绘事，为清乾嘉时著名画家。他的篆刻，师法丁敬，以疏逸清丽见长。他的长篇印款往往流露出对篆刻精深的见解。如"频罗庵主"边款曰："印刻一道，近代惟丁丈钝丁先生独绝，其古劲茂美处，虽文、何不能及也。盖先生精于篆隶，益以书卷，故其所作辄与古人有合焉"。"寿君"印跋云："仿汉印当以严正中出其谲宕，以纯朴处追其茂古，方称合作。"

陈豫钟（1762～1806年），字浚仪，号秋堂，浙江杭州人。通小学，善篆隶，工兰竹。书画、古砚、碑帖收藏颇富。篆刻取法丁敬、秦汉之间，秀丽工致、与陈鸿寿齐名，世称二陈。著有《古今画人传》《求是集》等。

陈鸿寿（1768～1822年），字子恭，号曼生。

图 262 蒋山堂印

图 263 摩三

图 264 江郎

他也是书画皆通、富于收藏、勤于著述的全能型艺术家。浙派篆刻传至陈鸿寿已如强弩之末，有程式单一、缺乏变化之嫌。而他运刀凶猛，起伏相连，犹如雷霆万钧，极有气势，其英迈豪爽的刀法堪称浙派的最后强音。浙派殿军赵之琛称赞陈鸿寿："胸中有书数千卷，复枕藉于秦汉人官私铜玉印，放奏刀时参互错综，出神入化，洋溢乎盈盈寸石间。"颇有见地。"江郎"（图 264）一印，足见他切刀老辣的冲击力。应该指出他的切刀刀痕毕露，但敦古而无习气。后人师浙派，往往从学他的印章入手，但常常只抓住他刀法的表面现象，不得其苍茫浑厚的内在神韵，形成琐碎划一、千印一法的程式，这也是浙派再无发展，陷于衰落的原因。

陈鸿寿 1812 年至 1815 年间在溧阳县任县令时，与紫砂之乡宜兴比邻，不过此时紫砂事业已很衰落。他与紫砂艺人杨彭年联手，由他设计壶式，由杨彭年制作，然后他再在壶上刻铭钤印，极为古雅，开创了壶艺与文人诗书画印结合的全新时代，"曼生壶"成为珍贵的艺术品。如果要问全能型的陈鸿寿一生什么贡献最大？也许不是篆刻，也不是书画，更不是诗文，而是他的"曼生壶"。

赵之琛（1781～1852 年），字次闲，浙江杭州人。性嗜古，长于金石文字之学，兼工山水、花卉，篆刻得陈豫钟亲传。晚好佛学，自颜其居曰"补罗迦室"。

赵之琛篆刻功力极深，时誉很高，故作品也较多，据说仅他为同乡高氏三兄弟即刻印千余方。但他章法刀法都走向定式，千印一面，不能随印生法，切刀如锯齿。特别是晚年熟而不能返生，熟而不知求变，燕尾鹤膝习气愈加严重，失去了古朴堂皇的意趣，如 1829 年他 48 岁所刊"湖村花隐"（图 265）"湖"字的水旁，"花"字上部四点都习气十足。

钱松（1818～1860 年），字叔盖，号耐青。浙江杭州人。他的山水、花卉、隶书、行书等都功力深厚，名重一时，据说他曾临摹汉印 2000 方，功力之深，可以想见。

他对浙派的切刀法十分熟悉，这在他的"叔盖金石"（图 266）、"赵氏惠父""胡鼻山人宋绍圣后十二丁丑生"等印中都有出色表现，所以当长他 37 岁的浙派前辈赵之琛见到他的印章时叹道："此丁黄后第一人，前明文何诸君不及也。"但如

图 265 湖村花隐

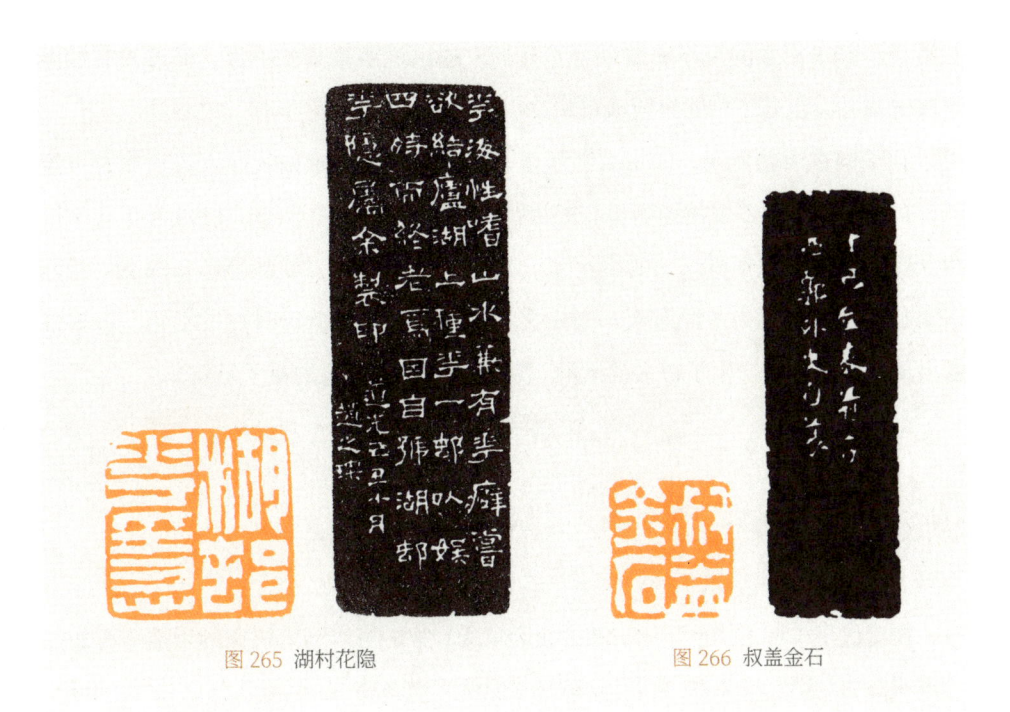

图 266 叔盖金石

　　仅止于此，钱松绝不会有今天的地位。可贵的是他在浙派方峭切刀的基础上还吸收了邓石如圆厚的特点。特别是在当时浙派习惯性的切刀技法上，更变化出一种碎切与披削相结合的新刀法，卧杆浅刻，从容悠游，这种切削结合的刀法刻出的线条钤于纸上可产生出浮雕般的立体感，如"杨石头藏真"（图 267）、"富春胡震伯恐甫印信"等。中国的书法篆刻都是线条的艺术，对线条在形式和质量上的突破，无疑是革命性的。站在古典与现代篆刻艺术分水岭上的印坛大师吴昌硕即从钱松刀法中获益良多。

　　钱松是西泠八家中的最后一位，也是挣脱浙派羁绊，另辟蹊径而绝处逢生的印坛巨人。

　　浙派自丁敬开启后，继起者蒋仁以古秀胜，黄易以遒厚胜，奚冈以淡雅胜，陈豫钟以工饬胜，陈鸿寿以雄健胜，赵之琛以纯熟胜，钱松继往开来，更能推陈出新。西泠八家领袖印坛百余年，从者如云。这与他们都兼通书画，擅

图 267 杨石头藏真

长诗文，精于小学的深厚底蕴是分不开的。这也说明篆刻虽小道，但若没有深厚之国学基础，也是不可能有所成就的。

几乎同在清朝前期，印坛有浙派横空出世，西泠八家四代印人先后崛起，流风百余年。而相距不远的扬州也有郑板桥、金农、罗聘（1733～1799年）等"扬州八怪"别树一帜于画坛，影响至巨，其中丁敬与金农、罗聘等还有深交。西泠八家和扬州八怪多为平民布衣，坚守文人气节，在艺术上反对泥古不化，力求推陈出新，都对后世产生了极大的影响，堪称辉耀印坛画苑的双子星座。

刚健婀娜的邓石如

在清代早中期近200年中，浙派旗高风炽，唯一可以与之抗衡的当推邓石如。

邓石如（1743～1805年），安徽怀宁县人。初名琰，后因避清仁宗讳，以字行，曰顽伯、亦曰完白，号完白山人。一生壮游天下，又别署籍游道人等。

年轻时，他很穷，以鬻书刻印为生。32岁（乾隆甲午年，1774年），得到主持寿春书院的名士梁巘赞识。推荐到江宁（今南京）举人梅镠家。梅家世为江左望族，文物收藏，富甲一方。邓石如在梅家一住就是8年，得见大量商周钟鼎彝器、两汉瓦当碑额，日夜临读，寒暑不辍。篆书直追斯冰（李斯、李阳冰），肉腴血畅，圆润生辉。布衣邓石如的篆书，实非当时专攻篆书的名家钱坫、王澍等人剪掉笔锋（或云以绢帛卷成特殊的笔）书写的篆书可以望其项背。晚清碑学大师杨守敬说他："以柔毫作篆，博大精深。"康有为也感叹邓石如"集篆之大成""篆法之有邓石如，犹儒家之有孟子"。他的隶书也经3年磨炼，更加遒丽淳质。

邓石如离开梅家后，先游扬州，后上黄山。在歙县，当地大儒金榜、张惠言见到邓石如的篆隶，惊叹不已，冒雨在一座破庙中找到他，邀至家中。金榜将自己已经精心写好的家庙匾额楹联一律磨去，请他重书，并虚心求教篆法。后又推荐他到安徽歙县人户部尚书曹文埴（1735～1798年）处，书四体千字文横卷，字大径寸，曹激赏不已。

乾隆五十五年（1790年），邓石如在山东开山又碰到曹文埴，当时巡抚以下官吏正在恭迎曹尚书。邓石如策驴过辕门，为门吏阻挡。曹遥见邓，快步出门延入，让上座，对在座嘉宾介绍："此江南高士邓先生也，其四体书皆为国朝第一。"众人大惊。至京城，号称集帖学之大成的宰相刘墉（石庵，1720～1804年）、精于鉴赏的大臣陆锡熊（耳山，1734～1792年），见到邓石如书法皆十分叹服。在这里，他还遇到"扬州八怪"的后劲、大画家罗聘（两峰），罗为之绘《完白山人登岱图》（现存北京故宫博物院）。邓亦刻"学真不貌寻常人"朱文印以报之。离京后，又在兵部尚书、两湖总督、金石学家毕沅处做了3年幕僚，为名士孙星衍、洪吉亮所不容，遂愤而离去，纵迹江淮，仍以书刻自给。嘉庆七年（1802年），年届花甲的他在镇江遇包世臣（1775～1855年），收为弟子，后包亦成碑学大师。两年后，复登泰山，还扬州，继与包世臣同归乡里，63岁卒。

以上邓石如行迹主要见于包世臣《完白山人传》。陈硕在其《制造邓石如——从邓石如与曹文埴交游看〈完白山人传〉中的相关问题》（2020年）认为其中夸饰、虚构处甚多，此处按下不表。

邓氏篆刻早年曾学何震、梁褻（字千秋，生年不详，约卒于1637年左右）。后他的篆书艺术日臻高妙，他迅速打出"印从书出"的旗帜，把自己淳古绵厚而又婉畅磅礴的篆书引入篆刻。"印从书出"是对主宰印坛的浙派着力于刀法的创新与应用的一个重要超越，这是邓石如创造性的突出表现和对印坛的巨大贡献。

稍事对比，我们可以看出，浙派人印多用汉印通用的缪篆，邓多用有自家特色的小篆；浙派尚方，邓多用圆；浙派主切刀以表示金石气，邓则多用冲刀重表现书写意味；浙派求工稳，邓则重瑰丽；浙派重内敛，邓则多外拓。总之，浙派主要以切刀追秦汉印的古拙，邓石如则主要以冲刀追求书法的意趣。他是"印外求印"的先驱。印从书出、印外求印，为篆刻艺术的发展注入了可贵的、必不可少的新鲜血液。

当然印从书出的邓石如，并不是将他的篆书在印章上进行简单的移植。他的刀法也是极为准确浑厚的，如"疁城一日长"（图 268）中，他将自家舒意雄沉的小篆与易于入印的缪篆加以融合，直线中参以曲线，同时注意曲线间的呼应。行刀自如畅达，极得醇厚之美。他的代表作"江流有声，断岸千尺"（图 269），更是将篆刻语言的三大要素篆法、章法、刀法完美地结合在一起，令后世印家心折不已。

此印疏密对比强烈，而终因对角呼应，得以巧妙化解。配篆多取曲势，但极

图 268 疁城一日长　　图 269 江流有声断岸千尺

为适度，既避平极，亦未陷于分乱乖俗。章法如行云流水，一气呵成，是邓氏"疏处可使走马，密处不使透风，常计白以当黑，妙趣乃出"的最好体现。当代著名篆刻家韩天衡先生曾尝试几个改动方案，结果发现"无论是动一字，或动一偏旁，或改动一笔，或去其端末的一点，都将使全印或松散，或拥塞，虚实失调，神滞气衰"，邓氏印艺之高，可见一斑。

此印是乾隆四十八年（1783年）秋所刻，当时邓石如正客长江边的京口。一日，他在楼上没什么事，心中颇为闲畅。于是取一印石在炉中烘烤，一会拿出来，石头上仿佛出现了一幅赤壁图景，其中又好像有苏东坡泛舟于苍茫烟水间，高吟着他那旷世名篇《后赤壁赋》。鬼斧神工的幻化，一下激发了邓石如的创作灵感。他马上奏刀，在这块印石上刻下了苏东坡《赤壁赋》中的这两句。这是他一生不能释怀的山水情结的迸发，是一位艺术大师的妙手偶得。

布衣邓石如一生浪迹40年，占去他生命历程的三分之二。游匡庐，登天台，上雁荡。泛西子湖，涉新安江，遍览黄山、衡山美景。继入洞庭，望九嶷，谒孔林，登岱顶。祖国山河的壮丽美景每每激荡着这位艺术家的博大胸怀。据说有人问他："你不画山水，何以非遍历名山大川呢？"他答曰："我以山川浩然之气融于笔端腕底耳！"

邓石如创立的邓派篆刻，给后世篆刻大师赵之谦、吴昌硕、黄牧甫等以很大影响。更有吴让之传其衣钵，并使其艺得以发扬光大。

游刃恢恢的吴让之

吴让之（1799～1870年），原名廷飏，字熙载，让之是他的字，亦作攘之。晚号晚学居士、晚学生等。江苏仪征人。

他是邓石如的再传弟子，他的直接老师就是邓石如晚年所收的高足包世臣。让之早年从包世臣学书，篆隶传邓石如法，更趋舒展流美、清新甜润。他学篆刻是从汉印入手的，曾悉心追仿10余年。后见完白山人邓石如的作品，不胜折服，遂以完白为依归。他的印章多采用飘洒舒意的小篆，注意虚实，但力求平稳中求得奇趣，不故作惊人之笔，密者任其密，疏者任其疏，大有"无为而治"的味道。如"吴熙载印"（图270），"吴""印"两字笔画较少，遂占地较小，"熙""载"两字笔画较多，则占地较大，绝不强求一律，削足适履。此印为两面印，另一面刻"攘之"二字（图271），左右安排，全依书法笔势，疏密对比十分自然。更为可贵的是他的刀法，追随邓石如的"印从书出"的理想，把起笔运笔与收笔的提按、顿挫、徐疾、转承等笔情墨趣，用刀淋漓尽致地表现出来。他的用刀往往以轻浅取势，干净利落，起刀与收刀轻松，双刀从笔道两边运行，衔接极好，毕现笔意。一般白文笔画中部相对较粗，极合书法对"中实"的要求。刀笔相融，相得益彰。他运刀的准确、轻松、淋漓、痛快，把冲刀的表现力发挥到了"神游太空，若无其事"的高妙境界，是奇崛后对平正的又一次回归，是老子描述的"大味必淡""大巧若拙"。所以篆刻大师吴昌硕指出："让翁平生固服膺完白，

图270 吴熙载印

图271 攘之

而于秦汉玺印探讨极深，故刀法圆转，无纤曼之习，气象骏迈，质而不滞。余尝语人：'学完白不若取径于让翁。'"对他刀法的圆淳、师法邓石如、融汇秦汉印而终能推陈出新，超越祖师，给予了极高而又极准确的评价。

大约在清咸丰五六年间（1855～1856年），受吴云（平斋）之邀，吴让之到吴家住了三四年。吴云是富甲一方的收藏家，藏有许多珍贵的钟鼎彝器、玺印砖瓦、碑版拓片。吴让之帮助吴云整理研究所藏文物，并为他写有《二百兰亭斋收藏金石记》《虢季子白盘考》等书稿。兴趣相投，颇为惬意，他还曾为吴云刊印几十方，其中一部分因战乱遗失，吴云每及此事，痛惜不已。1858年前后，吴让之移居泰州，与岑仲陶、姚正镛、汪砚山等文人雅士相过从。据说他在泰州时，是住在一座清幽小庙中，刻了许多印章，遣兴寄怀。此时年已花甲的吴让之远离亲人，难免思念妻儿老小。他刻的"望美人兮天一方""只愿无事常相见""梦里不知身是客"等，寄托了他心中无限的惆怅。在泰州庙里居住的年月里，每值除夕，吴让之总要按传统书写春联，贴于门上。他的书法十分流畅洒脱，正因如此，每到大年初一醒来，他的春联总是不翼而飞，为爱好者偷偷揭去收藏。

吴让之是一位勤奋的职业艺术家，平生治印在一万方以上（图272）。晚年，他已是书法、篆刻的大家了，但又对绘画发生了兴趣，于是不顾年老目衰，虚心拜了一位比自己小10岁的画家为师，一学就是十几年，并自号"晚学生""晚学居士"，还在画作上常用"学然后知不足""好学为福"等印。这种虚怀若谷、活到老学到老的精神令人感动。

吴让之刻印很少刻款，如前举他的自用两面印即是，印款为民国著名篆刻家王福厂后补。吴让之也有自己的理由，他说："我刻的印，自有风格，行家一看便知，何必署款？"他的自信绝不是盲目自大。他的印艺之高，确实"引无数英雄竞折腰"。存今吴让之未署款印多有后来印坛大家吴昌硕、王福厂、高络园、唐醉石等补款。如吴让之为包诚刻的"兴言"表字印，吴昌硕补款曰："后学安吉吴昌硕拜观，为攘翁署款。"此时吴昌硕已72岁高龄，是海内外共推的印坛盟主，对让翁印艺尚折服若此。其子吴臧堪后来再次补款时说当年其父吴昌硕经常以此印为例，向他解说篆刻刀法。

吴让之作为晚清杰出的艺术家，他的篆刻对稍晚的赵之谦、吴昌硕、黄牧甫

图 272 吴让之四面印

等都有很大影响（图 273-275）。赵之谦是晚清又一位全能型的艺术家，篆刻极有造诣。他曾在自刻的"会稽赵之谦字㧑叔印"侧跋曰："息心静气，乃得浑厚，近人能此者，唯扬州吴熙载一人而已。"后赵之谦的挚友魏锡曾从赵之谦处北上到泰州拜访吴熙载，吴熙载见到赵之谦的印章，颇为赞许，对赵之谦的褒扬十分感动。此时他已 65 岁，因目力衰退，已很少为人治印。在魏锡曾的要求下，他欣然为比自己小 30 岁的从未谋面的知音刻了一方名印（赵之谦）和一方斋馆印（二金蝶堂）。第二年，34 岁的赵之谦又在魏锡曾辑拓的《吴让之印谱》上作了长跋，对这位前辈艺术家的篆刻成就进行了客观的分析和评价，为印坛留下了两位篆刻大师金石友谊的佳话。

图273 吴氏让之　　图274 熙载之印　　图275 丹青不知老将至

广纳博收的赵之谦

赵之谦（1829～1884年），浙江绍兴人。会稽佳山水孕育了无数艺坛文苑的巨人。晋代有书圣王羲之、宋代有大诗人陆游、明代有大画家徐渭、陈洪绶等。赵之谦也无愧于这片文化深厚的土地，他崛起于清末道、咸、同、光之时。虽然31岁中了举人之后，在一切都要按条条来的科举之途上再无建树，但在可以逞才使性的艺术之路上，他却无心插柳柳成荫，如天马行空，篆刻、书法、绘画等方面都取得了丰硕的成果，成为晚清艺坛的巨匠。

他的书法取法雄强纵横的北碑，却写出一种丰腴姿媚的神采，在一味刚猛的庞大碑学阵营中别树一帜。他的花卉，融篆隶笔法于毫端，设色雅艳，对虚谷、"四任"、吴昌硕等海派画家影响极大。

他的金石之路始于17岁。先后学习过秦汉印和浙派、邓派。更为可贵的是，他能敏锐地注意到当时新发现的金石文字及研究成果，并引入印中，终于突破了浙派、邓派对印坛的笼罩，在"印外求印"的大胆探索中，战国钱文、秦石鼓文、秦权量、诏版、汉镜铭、汉代碑额及碑文、三国《天发神谶碑》、北朝摩崖无所不用，成为"合两宗而为一"的划时代巨匠。对于各种字体，他并不是简单移植到自己的印中，而是取其基本特征，以印章对文字的特殊要求而加以变化，再现其内在神采，为印坛带来了新的生机。

他的朱文印多取法邓石如和汉镜铭、秦诏版等，线条细劲挺拔，有隽美拙逸之姿。如"赵之谦印"（图276）是取法邓石如、吴让之一路，既有行刀的通达与畅意，又有篆书的飘洒和起笔、运笔、收笔的浓厚笔意。我们知道，一方好的印章是由篆法（指每个字的写法）、章法（指印章各字间的有机组合）、刀法3种语言完美结合而成。赵之谦对清中期以来印坛多只注意刀法一端提出明确的批评，认为有刀无笔和有笔无刀都不是好作品。只有刀笔结合，互为补充，才能创作出好的篆刻作品。从"赵之谦印"中，我们可以看出他是这样说，更是这样做的。

他的白文印多笔画粗实，在笔画密集排列的同时，注意大块留红，强调红白的强烈对比，加之他用刀老沉，使印章更是凝重苍厚，如"汉学居"印（图277）。"汉学"二字繁复却又合占一边，笔画紧密，甚至斑斑点点，几乎要粘连在一起，可谓"密不容针"；"居"字笔画简单，而又着意中间空出一大块红，更显"疏可走马"。这种疏密的强烈对比，使全印精神倍增，给人留下深刻印象。他认为："汉铜印妙处不在斑驳，而在浑厚。学浑厚则全恃腕力，石性脆，力所到处，应刀辄落，愈拙愈古，看似平平无奇，而殊不易貌。"（"何传洙印"边款），其对汉印的理解是十分深刻的。他的这种风格也为后世印人广泛取法。

生活中的赵之谦是坎坷的，痛苦的。他早年家境宽裕，父亲去世后，家道中衰，几致食不果腹。33岁那年妻子女儿相继病故。36岁后进京考进士，一再受挫。所有这些使他心灰意冷，于是他改号"悲庵"，刻下"我欲不伤悲不得已"的痛苦词句。十几年后，才在江西几个地方做了知县一类的芝麻小官。虽然努力为地方百姓办了一些实事，但看到官场的腐朽和欺诈，也自嘲不过是"为五斗米折腰"（赵之谦曾特刊此一印）罢了。但是在艺术上他是伟大的，他在给好友沈树镛刻"松江沈树镛考藏印记"时，凿款曰："取法在秦诏、汉灯之间。为六百年来抚模印家立一门户。"他的自信是有充分根据的。艺术的成功，也许是上帝对他人生坎坷的一种补偿吧。

图276 赵之谦印

图277 汉学居

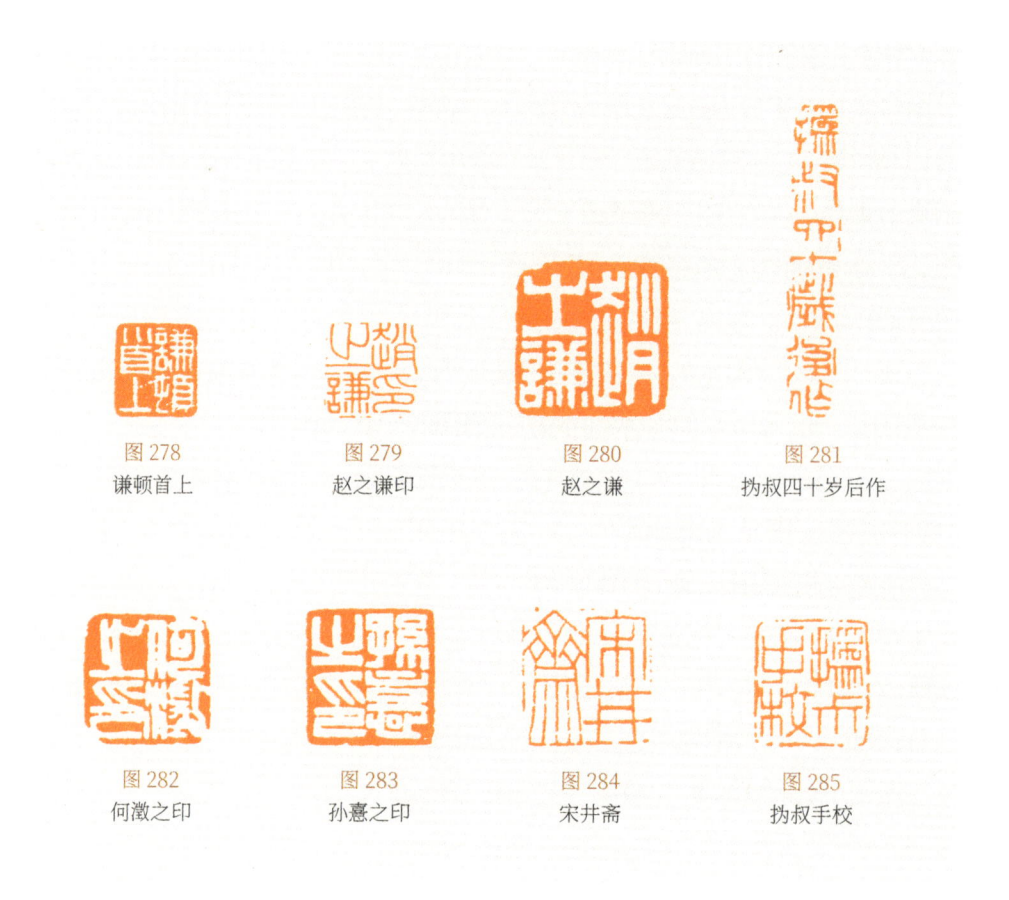

图 278　　　　　图 279　　　　　图 280　　　　　图 281
谦顿首上　　　　赵之谦印　　　　赵之谦　　　　　㧑叔四十岁后作

图 282　　　　　图 283　　　　　图 284　　　　　图 285
何澂之印　　　　孙憙之印　　　　宋井斋　　　　　㧑叔手校

赵之谦17岁开始治印，40岁以后就很少动刀了。他自律颇严，在京两载，仅刻印20方。赵之谦在世时即有友人魏锡曾辑《二金蝶堂印谱》、傅拭辑《赵㧑叔印谱》、朱志复辑《二金蝶堂癸亥以后印稿》等数部印谱行世。晚清、民国林树臣等辑有赵之谦印谱约9种，所有这些印谱去其重复者，共收录赵之谦印作近300方，而这些印章大多保留到了今天。一则可见赵之谦一生律己之严，不轻易治印。二则可见赵之谦天分之高，仅刻三百方印便达到如此高的成就。无怪有的印学家称赞他"天九人一"，即天资占到9分，努力占到1分。三则由于他人所共仰的艺术成就，加上他的印不像吴让之，多刻有名款，有些印款还很长，故每一印出，即为世人所宝，子孙相传（图278-285）。

光洁清峻的黄士陵

黄士陵（1849～1908年），字牧甫，亦作穆甫、穆父。安徽黟县人，故其所创印派依其籍贯习称"黟山派"。实际上，他当年印风的形成、流行与授徒主要是在广州，所以近来有些印学家又主张称其为"粤派"。

黄牧甫14岁因太平天国起义军在家乡黟县与清军作战，兵荒马乱而失学。过了二三年，父母又相继去世。20岁，背井离乡，与兄弟黄厚甫去了南昌，开了一家"澄秋轩照相馆"，他八九岁时即刻过印章，此时又开始鬻书卖印，以期多挣一些钱糊口。但在这种生活艰苦、资料缺乏的条件下，他还是努力从可以见到的浙派陈鸿寿、皖派邓石如、吴让之（吴63岁卒时，黄已21岁）的印谱中努力汲取营养。对名家的追摹，也是他卖印的功利要求。29岁，他在南昌出版了一部《心经印谱》，这是他早年学印成果的集中展示。近10年的鬻印谋生，使他不得不较注重装饰和精巧。这与家境相对宽裕，无衣食之忧的吴昌硕早年（22～27岁）刻《朴巢印存》所显示出的博采众家、偏爱朴质的自由心态颇不一样。不过这也为黄牧甫后来创立光洁严谨、刀法精熟的印风打下了基础。

1882年，33岁的黄牧甫南下当时的重镇、开埠口岸广州。翌年，他版刻印刷了"黄穆父润笔"，印章每字白银2钱，特别大的印章5钱，牙、角、竹、木印每字3钱，玉、晶、铜、瓷印每字1两，因他还不太有名，价格也不高。

不过这一阶段黄牧甫获得了极大的发展机会，他见到了吴让之晚年原拓印谱和赵之谦的印谱，悉心研究，技艺突进，在刀法上，渐渐摆脱早年浙派的影响，充分发挥吴让之畅爽的特点。如他1883年刻的"化笔墨为烟云"（图286），取法邓派，但更为酣畅淋漓，刀法犀利，云烟弥漫。他更在边跋中称：有人讥讽邓石如印没有古法，实为拘泥于木板秦汉者之言。魏稼孙评价邓石如"书从印入，印从书出"，实在是千古不灭的见解。印、论都堪称他印学的重要里程碑。

由于他印艺的提高，影响渐渐大起来，认识了一些显宦名流。他的篆刻得到这些人的赏识，特别是珍妃的从兄志锐，对他的印颇为称颂。于是黄牧甫又迈出了人生重要一步，1885年在志锐和他父亲长善将军的保举下，36岁的他踏上了北上京城，到全国最高学府国子监学习的路程。

图 286 化笔墨为烟云

在全国金石学中心，他与甲骨文的发现者王懿荣、当时全国最大的金文收藏家清宗室盛昱、金石大家吴大澂、缪荃孙、蔡赓年等师友时相过从，见到大量古玺印真品，他自己还收藏了一些汉碑拓片。

1887年，应广东巡抚吴大澂之邀，他第二次来到广州，参加广雅书局校书堂的校刻经史工作。比黄牧甫大14岁的吴大澂（1835～1902年）是清末的封疆大吏，又是精于金石文字之学的国学大师，他书宗杨沂孙，工大篆，静穆渊雅，对合南北两宗而自成一家的赵之谦推崇备至，所有这些对形成黄牧甫重在三代以上吉金之学都有决定性作用。1888年，吴大澂又邀请黄牧甫等协助编拓他自藏的两千多方古玺印以成《十六金符斋印存》26巨册，共拓20部，黄牧甫又得以系统观摩学习古代玺印。

二下广州的黄牧甫已不再是鬻书卖印的江湖艺人，而是颇受吴大澂、张之洞推重的学者和艺术家了。早年黄士陵即偏爱主张刀法犀利流畅的邓石如、吴让之两家。此期，受吴大澂的影响，他又对主张"汉铜印妙处不在斑驳而在浑厚"的合宗大师赵之谦仔细研究，终于打出"汉印剥蚀，年深使然，西子之颦，即其病也，奈何捧心而效之"的旗帜，以薄刃冲刀的光洁清峻，求精，求雅，求静，求平正。加之对金文和古玺的广博见闻和精深功力，参以入印，更使其篆刻能方中有圆，动中寓静，古拙中见神奇，所谓"绚烂归平淡，真放本精微"。黄牧甫对印章章法的谋划往往是煞费苦心、殚精竭虑的。有时一个印甚至设计几十个印稿，然而他的刀法是猛利、肯定、一往无前的，印稿写好后，总是奏刀立就，真正达到了黄易推崇的"小心落墨，大胆奏刀"的境界。

1900年，已在广州客居13载的黄牧甫落叶归根，回到安徽黟县老家。除1902年至1904年间曾应湖北巡抚、湖广总督、著名金石学家端方之邀赴武汉协助辑著《陶斋吉金录》外，再不曾复出。1908年，终老于故里老槐邻屋，享年59岁。端方有长联挽之：

执竖橡直追秦汉而上，金石同寿，公已立德，我未立言；

以布衣佐于卿相之间，富贵不移，出为名臣，处为名士。

传黄氏印学的著名印人有易熹（1874～1941年）、李茗柯（1882～1945年）、邓尔雅（1884～1954年）、乔曾劬（1892～1948年）。四人皆师黄而各有所创，易氏奇肆，李氏古穆，邓氏靓挺，齐氏渊雅，皆为民国印坛高手，且以国学深厚享誉印林。

然而也应看到，崛起于晚清，跨入20世纪，进而对民国以来的现代印坛产生了重大影响的两位巨匠中，吴昌硕早已名满天下，而黄氏似有寥落之感。何以至此？原因也是明显的，吴创海派于全国经济中心、文人荟萃的上海；而黄创粤派于相对局促落后的岭南。黄氏55岁便归隐故里，不久即谢世；吴氏活到83岁，在黄去世后近20年一直活跃于印坛，创西泠印社，雄居印坛盟主地位。再者如印学家辛尘所说："相对而言，吴昌硕的海派印风主情性，非大才情不能传其神，如诗中之李太白；黄士陵的粤派印风重涵养，非大学问不能致其境，如诗中之杜工部。所以，学吴氏当以激情状态求其混沌天成，学黄氏当以工整状态求其洁净典雅。"吴氏的雄浑之姿一眼便可看出，先声夺人；而黄氏的渊雅之妙则含蓄深藏，不易体会。但不管怎么说，作为晚清唯一可以与吴昌硕抗衡的篆刻大家，黄牧甫的风采越来越为人们所注意，他的印艺在浮躁的当今印坛越来越显示出其价值（图287-290）。

图287 祗雅楼印　　　　图288 雪涛

图 289　婺原俞氏　　　　　　　　图 290　师实

浑穆苍茫的吴昌硕

　　吴昌硕（1844～1927年），浙江安吉人。初名俊，又名俊卿。字昌硕、苍石、昌石等，号缶庐、缶道人、苦铁等。

　　他出生在浙江安吉彰吴村的一个没落了的书香世家中。17岁时，太平天国起义军从安徽过浙西，清军尾随而至，村里人四散奔逃。5年的颠沛流离后，他再返回家时，全村4000多人，锋镝过后只剩下三四十口了。

　　1865年，22岁的吴昌硕离开破碎的家园，搬到安吉县城。此后五六年中，他正式开始了学印历程。从他27岁自己辑成的《朴巢印存》看，他涉猎很广，主要取法浙派的丁敬、黄易、陈鸿寿、钱松，也学汉印，甚至学习明人的作品。可见这一阶段他的见闻眼力还是有限的。

　　后来，书香传家的他曾负笈杭州，从大学问家俞樾（曲园）学习文字辞章，与著名书法家杨岘（见山）也有交往。30来岁时，吴昌硕到了苏州著名金石学家吴云（1811～1883年）家做家庭教师。20多年前篆刻大师吴让之曾在吴家住了三四年。吴云所藏钟鼎彝器、金石书画无数。当吴云了解年轻的吴昌硕喜欢篆刻后，十分高兴，将珍藏包括吴让之在内的印谱、印章供他观摹。不数年，吴昌硕眼力提高，印艺大进。后来吴昌硕一直对当年吴云的关心和指点念念不忘。

吴昌硕定居上海后，更是广收博采，融汇百家，诗书画印并进。

吴昌硕也许天生就应属于艺术。他55岁时（1899年）曾在安东（今江苏涟水）当了县令。但他痛恶官场的腐败，不肯同流合污，一个月后便挂印而去。从此便一心沉浸于诗书画印的艺术世界中。

吴昌硕的篆刻艺术植根于他对今人（如吴让之、钱松）和古人，特别是汉代玺印、封泥、砖瓦、碑额等的兼收并蓄，心摹手追。且看下面摘录的几则他的印款：

"得汉印烂铜意。"（缶主人）

"仿汉印平实一路。"（廖寿恒印）

"拟封泥之残阙者。"（高密）

"古陶器字，昌硕拟之。"（园丁）

"拟汉官印之精湛者。"（梅寿）

"汉印浑古中得疏宕之意。"（一月安东令）

"古铁印高浑一路。"（破荷亭）（图291）

"此汉凿印之最古者。"（相思得志，日利常吉）

"汉碑篆额古茂之气如此。"（俊卿）

"拟汉碑额之雄厚者。"（吴昌硕大聋）

"为祖芬先生仿汉私印，惜未能得其浑厚之致。"（葛祖芬）

"书微先生鉴家嘱拟汉印之精铸者，平实一路最易板滞，于板滞中求神意浑厚，予三十年前尚能逮也。不意老朽作此，迥非平昔面目。"（当湖葛楹书微）

图291 破荷亭

鲁迅先生曾说："唯汉人艺术，雄沉博大。"而从上面罗列的印款，我们可以窥见吴昌硕正是不遗余力地在汉铸印、凿印、封泥、碑额、残陶中开掘雄浑古穆的养分。

在书法上，他也是如此。石鼓文是春秋晚期秦国的重要文字资料，其书法受到广泛重视。在清朝晚期，吴大澂、黄牧甫也临写，但写得平正安详。而吴昌硕则发扬其古朴烂漫的精神，用笔恣肆沉穆，写出朴茂苍劲的神采来。

他曾说："余学篆好石鼓，数十载从事于此，一日有一日之境界，唯其中古茂雄秀气息未能窥其一二。"从他的自谦之语中，他对古茂雄秀的追求表露无遗。吴昌硕的书法终生得力于石鼓。这也与他的篆刻（也包括绘画）线条的雄厚、章法的错落产生了有力的互动。他的篆刻中有不少在边款中明确标出"拟猎碣意"的，有的篆法明显来自石鼓文，如其72岁所刻"传朴堂"（图292），更多的是把石鼓苍厚、错落的意味融入他的各类印章中。

图292 传朴堂

清中期崛起的丁敬曾以奇崛硬朗的风格力矫明末印坛的积习，但其后继者越来越炫耀于程式化的刀法，日趋熟巧，古拙锐减。同时，师法刚健婀娜的邓石如一脉中，吴让之尚能将邓派发扬光大，而再传徐三庚则愈显纤巧靡弱。吴昌硕在早年主攻吴让之、邓石如、丁敬等时贤的基础上，很快察觉到这些印派流风的弊端，从而亦感古印浑古朴茂气息的可贵，于是直追秦汉，旁参石鼓，在"道在瓦甓"的旗帜下，博涉古代（特别是汉代）砖瓦吉金，终于在中国古代印学即将结束之际，迸发出雄浑高亮的洪钟巨响，成为承前启后的印艺高峰。

与书法使用的毛笔不同，篆刻是使用刻刀，篆刻的刀法犹如书法之笔法，是篆刻语言的三大支柱之一。

刀法历来主要有冲刀、切刀两种。清中期布衣丁敬横空出世，完善切刀之法，

图 293	图 294	图 295	图 296
迟鸿轩主	千石公侯寿贵	作镕印信	永初

创立浙派。冲刀传至吴让之，也已如天马行空，舒意自如。到了吴昌硕时，切刀、冲刀似都发展到极致。但吴昌硕在学习浙派、邓派的基础上，勇于创新，改用圆杆钝刀，冲切并施，重刀浅行，在运刀中不断调整刀与印面的角度，八面出锋。由于用刀与石面的倾角较小，行刀的节奏又有所变化，有欲行还留、欲留还去的"涩"味，拓出后线条富于苍润变化，立体感很强。吴昌硕曾云："刀拙而锋锐，貌古而神虚，仿封泥者宜守此二语。"对貌古神虚的追求，使吴昌硕的残破刀法也是"不择手段"，或刻，或凿，或刮，或钉，或敲，或击，刀刃、刀角、刀背无所不用。在他的印中，"小心落墨，大胆奏刀，细心收拾"得到最好体现，他是篆刻刀法的集大成者。"自我作古空群雄"正是这位印坛大师真实的自我写照。

1904年（清光绪三十年），就在黄牧甫从武汉端方处返归黟县故里，不再复出之时，篆刻家丁仁、王褆、叶铭等聚于杭州西子湖畔，研讨印艺，创立西泠印社。1913年（民国二年），在杭州正式召开成立大会，各路印坛豪杰汇聚西泠，公推63岁的吴昌硕为首任社长。领袖群伦的吴昌硕以谦谦君子之风为印社撰联：

印讵无源？读书坐风雨晦明，数布衣曾开浙派；

社何敢长？识字仅鼎彝瓯甓，一耕夫来自田间。

此后在吴昌硕的领导下，每年春秋两季，西泠印社都举行一次雅集，探讨学术，切磋印艺。西泠印社的成立是中国印学史上的一件大事，印社联络篆刻家，出版篆刻资料，改变了600多年印人"各自为阵"的局面，对现代篆刻艺术的发展有划时代的推动意义，可视为现代印学的肇始。此际吴昌硕的功劳是不可磨灭的。

以一杆钝刀横扫印坛千军的吴昌硕为中国古代玺印与篆刻艺术画上了圆满的句号，同时又为中国现代篆刻拉开了序幕（图293—296）。

方寸大千／中国古代玺印篆刻

印款与印谱

印款是指刻凿于印侧印背的款识。它是印章的重要附属，有时还具有独立的艺术与学术价值。印谱是指印有印面文字和印款，甚至包括印章图形的书籍，它对印章的流传、印艺的推广具有不可替代的作用。印款和印谱人们也许并不陌生，但它是何时产生，又是怎样发展的呢？

并非多余的印款

清代朴学大师赵翼曾说："三代以上以禹鼎为重，六朝以上以秦玺为重。"意思是夏商周以鼎为国家象征，"问鼎"成为觊觎王权的代名词。秦汉南北朝变为以秦传国玺为国家重器。

两汉400年，传国玺安然世代相传。至东汉晚期，社会大乱，军阀混战，此间传国玺更被视为法统正宗的代表。所以220年，曹丕一脚踢开傀儡汉献帝，称魏代汉。于是他虔诚地在传国玺肩部用隶书刻上"大魏受汉传国玺"8字，这是迄今见于文献记载的最早边款。

但隋代以前，印章多很小。隋代以后，公文书写中纸张完全代替了简牍。公印从2.3厘米左右猛然增大了一倍。随身佩带的职官印改为放置于官府的官署印。官署印印背也铸鼻钮，但鼻钮相对于印背占地很小，只有三分之一，大面积的空白之地，为刊刻边款提供了可能。隋代社会历史性的变革，反映在公印上的重要一点就是颇具时代感的印款的流行。

迄今见到的最早印章边款实物见于隋代。其中凿有年款的4件。分别是"观阳县印"背款"开皇十六年十月五日造"（见图182）、"广纳戍印"背款"开皇十六年十月一日造""桑乾镇印"背款"大业五年正月十一日"（图297）、"崇信府印"背款"大业十一年七月七日"。

印款到唐代并无发展，现在见到的绝大多数唐公印都无印款，只有3方印见到边款，而且与隋代只刊年代的背款不同，只刊印面的释文。它们是"武夷县之印"背款"武夷县之印""涪婆县之印"背款"涪婆县印"、渤海的"天门军之印"背款"天门军之印"。

到了宋代公印印款形成定制，宋初公印都刻有年款，标明铸印年月，后来还加上了主管公印颁造的机构"少府监"。如"平定县印"背款"熙宁三年少府监重铸"（见图195）。到南宋文思院取代少府，顺理成章背款中的"少府"字样也为"文思院"代替。

在与宋朝对峙的辽、金、西夏等政权中，都不同程度地受到中原汉文化的影响，亦有公印凿款之制。

图297 隋 桑乾镇印背款

辽公印多只在印钮顶端凿一表示方向的"上"字，十分简单。

建立金朝的女真人汉化较深，其公印与宋公印较接近。背款凿有铸印年代及铸印的部门，较为特别的是很多金公印都刻有官印的释文，有的印背或印侧还凿有千字文（或五行）的编号。公印释文多不刻全，如1971年西安市出土的"义军副提控印"，其侧凿"义副提控"。金公印普遍采用楷书释文，当与女真贵族一般不谙汉文九叠篆有关。刊刻编号是金朝加强公印颁发管理的一个新举措。如黑龙江兰西县出土"都提控所之印"，背款注明"光字号"。

西夏公印印文印款均用天书一般的西夏文。背款内容是右边刻年代，左边刻执印者姓名。其年代只精确到年，不像宋、金印还记有月日。西夏公印绝大多数为"首领"印，印文一样，所以还刻有执印官员姓名，以示区别。如故宫博物院藏"首领"印（见图201）。

元代以后，公印印款日趋完善和制度化，集释文、铸印机构、年代、编号于一印，不再更改。

私印边款最早见于刘江先生在他的《篆刻艺术》一书中提到一方"万石"铜印，"其侧有'正元三年'四字，系凿成"，正元是三国魏年号，正元三年为256年。可惜该书未附印蜕及款拓，系孤例，我们还不敢引为汉魏私印有款的确证。

现在可以确信私印边款出现于南宋。这应当是受到公印普遍凿款和金石学大兴的影响。如1971年，江苏江浦县张同墓中出土一方覆斗形铜质"张同之印"，印顶还有"野夫"二字（见图231）。印侧四周凿有"十有二月，十有四日，命之日同，与予同生"16字篆书款，颇为工饬古雅。

元代私印主要用金属牙角之类，质地坚硬，非专门工匠不能奏刀，所以私印绝少刻款，个别有款者也仅刊一二字，标明印主。如赵孟頫的"天水赵氏"和"松雪斋"印都凿有"子昂"（赵孟頫字）名款。

明代以后，石印渐渐普遍用于私印，基本形成与铜印独占公印领域的对峙局面。石印脆软易刻，而文人广泛涉足于此，印款艺术终于大放异彩。

明代的文彭是流派印的开山大师，也是边款天地的真正拓荒者。他的款皆用双刀刻成。首先用行书书写于印侧，然后奏刀，类似刻碑（图298）。其法对明代影响极大。

何震师从文彭而能自出机杼。冲刀凶狠、肯定。他的豪宕之气也灌注在他的边款创作中（图299）。

图298 文彭刻边款

图299 何震 烟波钓叟

文彭双刀刻款虽然已卓然超越古今公印边款不计工拙的对年代铸印机构等纯乎实用的记录，传文人情怀于刀下，但其款从形式上讲还主要是对书法的一种准确传达，表现的是书法毛笔的特点而不是篆刻铁笔（刀）的锋芒。而何震不蹈常规，首创单刀刻款之法，即一刀刻成一笔，便捷率意，刀趣横生，书法的结体与刀法的拙峭浑然一体。

清朝前期丁敬创立浙派，其楷书款章法整饬，沉稳不乱，清刚工丽，字字珠玑（图300）。继起西泠诸子，皆师丁敬而各有创获。如蒋仁的楷书款，得颜书宽厚磅礴之气，浑穆苍茫（图301）。

与浙派并起的邓石如，为清乾嘉金石学隆盛时的碑学大师。长于篆隶，其篆隶款，游刃恢恢，意与古会，格调很高。邓派传人吴让之在篆刻上更能光大其艺。他的边款并不常作，以行书款最多，也最具特色。他并不像一般篆刻家一样刻印刻款都用一把篆刻刀，他刻款用的是一种类似锥子的三棱尖刀，直接以刀代笔，在印侧"书写"边款，直接把书法的流便提按用刀"划刻"出来，如用毛笔在宣

图300 丁敬刻边款　　图301 蒋仁刻边款

纸上书写一样（图 302）。这需要深厚的书法功力和腕力。但我们认为篆刻和边款既然是用刀在石头上刻字的一门艺术，还是应以能表现其质材（石）和工具（刀）的特质的方法为这门艺术的主流。从这个角度上讲，吴让之的边款艺术只能说"聊备一格"而已。

晚清诸家中对边款艺术有开拓之功的首推赵之谦。他生活在古物大量出土，收藏研究风气很盛的乾、嘉时期，他本人又是杰出的画家书法家。这为他在边款世界的纵横奠定了坚实的基础。赵之谦的魏体书法丰腴姿媚，有人批评这与本来雄强的北碑风神背道而驰。但在印款中，赵之谦切刀凶狠，少了几分丰腴妩媚，多了几分瘦峻峭健。

边款，亦称款识。款、识在古代实际上是有所区分的，阴字凹入者称为款，阳文凸出者谓之识（《通雅》）。虽然明代镇江九华山地藏寺曾有一方佛教印侧有"京口九华山吉祥阁"和"大明万历庚午年立"（1600年）等阳文款识，但

图 302 吴让之刻边款

图 303 赵之谦刻边款

图 304 赵之谦刻边款

作为偶一为之的孤例，很难说与文人篆刻有什么渊源。从篆刻艺术上讲，赵之谦是从元代赵孟頫文人篆刻刻款以来500多年中以阳文刻款的第一人，为边款艺术又打出半壁江山。中国古代碑刻除碑额外，几乎皆为阴刻，阳刻者绝少。阳刻中又以洛阳龙门二十品中的北魏《始平公造像》最为著名。赵之谦是深谙此道的碑学重镇，他的阳文魏书印款，奇崛开张，艺术性不在他用毛笔书写的魏体书法之下（图303）。赵之谦开辟了阳文边款之后，篆刻家纷纷效尤，但不轻易为之，偶见，则多为精心之作。如吴昌硕自用的"破荷亭"印，顶款阳刻"古铁印高浑一路，阿仓"（见图291），奇伟朴茂。

图305 吴昌硕刻边款

赵之谦对边款的另一重要贡献是把汉画像及佛造像并引入边款，如他刻的"绩溪胡澍荄父""同孟子四月二日生"两面印，其侧款阳刻一龙，又用篆书款说明为"嵩山少室石阙汉画像龙"（图304）。他刻曾仿嵩山少室石阙汉画像在为挚友魏稼孙刻的"仁和魏锡曾稼孙之印"侧阳刻一马戏人物款（见图303），他的"餐经养年"印款还阳刻佛像一尊，皆为印款史上的经典作品。

图306 黄牧甫刻边款

如果说邓石如的篆书款还带有一点他那种云鹤游天的不羁，非肉胎凡眼可以识得，赵之谦的篆书款则整齐中含有遒朴逸气，飘洒中不乏装饰意味，雅俗共赏。

赵之谦后，吴昌硕领袖印坛。他的边款以楷书为主，间及篆隶。结体右高左低，以斜取势，与他奇崛的书法一脉相承。出浙派而更趋朴野老苍（图305）。他的"破荷亭"印边款，阴刻阳刻兼用，文字画像并施，是他边款艺术的代表作（见图291）。

与吴昌硕并起的另一位篆刻大师黄牧甫，一反当时边款以切刀为主的潮流，主用冲刀，短画间用切刀，结体扁平而有斜势，清刚稳健，干净利落，风格独特（图306）。

印章边款除本身的刀法章法之美外，其文字内容又有助于了解印人生平、印人的艺术思想和考订印章的真伪等。如很多篆刻家生前并没有留下系统的印学著作，但在他们的印款中往往灼见迭出，言简意赅。如黄牧甫在"季度长年"印款中说："汉印剥蚀。年深使然，西子之颦，即其病也，奈何捧心而效之。"在"残破美"弥漫印坛之际，可谓天马独行的空谷足音。

必不可少的印谱

印谱是汇集古今玺印和篆刻作品的专书，是研习此道须臾不可或缺的范本。

北宋末年，杨克一首辑《印格》，此是印章专谱之权舆。宋徽宗宣和中（1119～1125年），皇家辑成《宣和印谱》。伴随着宋代金石学的浪潮，民间和官家先后都对古印的汇集发生了兴趣，尘封近千年的印学闸门渐渐松动。后至明初近300年中，又先后有姜夔《姜氏集古印谱》、赵孟頫《印史》、吾丘衍《古印式》、陶宗仪《古人印式》、郑烨《汉印式》等15部印谱问世。这是印坛涌动的第一个复兴的浪头。

明代隆庆中（1572年），上海顾从德以自家所藏秦汉印及亲朋好友的部分藏印共1700余方，原印钤拓成《集古印谱》，凡20部。这是印史上划时代的事件，印坛为之欢欣鼓舞，当时何震、苏宣等曾亲受此谱霖惠，而印艺大进。可以说顾氏《集古印谱》滋养了一代印人，也为明清流派印的复兴及时送来最为可贵的源头活水，时人惊呼："印章之荒，自此破矣。"四年后，为了满足广大印人的需要，他又在《集古印谱》的基础上，稍作增删，用枣梨版翻刻成《印薮》，顿时又是销售一空，洛阳纸贵，家摹人范，皆知以汉为师。从此，集汇印谱之风大炽，顾氏以后至明末74年中，出版印谱80多种，延及民国，印谱已多达1200种，诸多印谱滋养得印林一片葳蕤葱茏。

印谱主要有集古印谱和印人篆刻印谱两大类。其中篆刻印谱又有印人自集、友人或后人代集等等。20世纪80年代，印坛复兴，印社数百，篆刻爱好者不计其数，形成明清流派印以来又一高峰。印家广辑前辈印人印谱，西泠八家、晚清诸子皆有专谱重印，而且一版再版。近年更有印人将晚清最有成就的篆刻巨匠的各类印谱汇聚成全集，出版有《黄牧甫印影》《吴昌硕印影》等，印刷精美，搜罗弘富，给印坛带来极大方便。

集古印谱发轫最早，从明清篆刻复兴以来便有"印之宗汉，如诗之宗唐，字之宗晋"之说。古玺、汉印成为篆刻进阶的不二法门。所以，集汇古印之风长盛不衰。明末顾从德首辑原拓《集古印谱》，可惜只区区20部。至清中期就只存世二部。传至今日，只有一部珍存。明清集古印谱原拓者，几皆为珍贵善本，非一般学印者可以期遇。幸民国以来，照相制版印刷术大兴，印刷出的古印谱与原谱效果别无二致，印人称便。现代科技使今人的眼界远非古人可比。20世纪80年代以来，上海书店等又将清代民初集古印谱最盛时的几部力作重新印刷，使每个篆刻爱好者都可以轻易获得学习。下面我们将近年重印的集古印谱择要作一简单介绍。

《十钟山房印举》是1872年陈介祺60华诞时，由次子陈厚兹和何昆玉协助初辑。印以自藏为主，益以李璋煜、吴云、吴式芬、吴大澂、李佐贤、鲍康诸家之印，50册，凡3342印，仅拓10部。此为辑诸家藏印为一谱之先河，也是印坛空前之举。1883年，陈氏70岁，又将《十钟山房印举》扩为191巨册，10284方，独领印坛风骚百年，成为集古印谱中最著名的一部。陈介祺（1813～1884年），字寿卿，号簠斋，山东潍县人，道光进士，以藏印逾万，号称万印楼。他一生嗜古印金石之学，还辑有《簠斋印集》（1847年）、《簠斋古印签记》（1876年）、《簠斋金印残册》（1878年）、《十钟山房汉两面印举》（1883年）、《簠斋藏古玉印谱》（1887年）等。

《十六金符斋印存》是清吴大澂

图307 何昆玉《吉金斋古铜印谱》

（1835～1902年）编。成书于光绪十四年（1888年），共录古印2021方。吴氏为清代杰出金石学家、古文字学家，同治进士，官至广东、湖南巡抚。精于鉴别，富于收藏。因藏有古代16种兵符和28方汉代将军印，因颜其居"十六金符斋"和"二十八将军印斋"。吴氏对著名篆刻家黄士陵有知遇之恩。《十六金符斋印存》即吴氏邀请黄士陵赴穗协助钤拓辑成。

《吉金斋古铜印谱》清同治四年（1865年）何昆玉得到从明范大澈、清潘有为流传下来的千余古印，辑成《吉金斋古铜印谱》（图307）。这批印章现大部分归故宫博物院收藏，少数已流失国外。何昆玉（1828～1896年）广东高要人。字伯瑜。斋号吉金斋、乐石斋等。性嗜古，喜藏古印。曾客陈介祺家，赏奇析疑，见闻日广。精鉴别，工刻印。曾参与《十钟山房印举》的编次钤拓。

《齐鲁古印捃》清末高庆龄初辑于光绪癸未（1883年）。然此谱甫成，高氏即殁，其子鸿裁复增入由燕秦楚越访得之印少许，于光绪乙酉（1885年）正式问世。录古印6百余，谱前有著名学者潘祖荫、王懿荣的序。战国秦汉分类详明，钤拓很精。

《续齐鲁古印捃》郭裕之辑，成书于清光绪壬辰年（1892年）。郭氏（1847～1912年）乃高庆龄外甥，眼力很高，既聚既审，共录古印1186方。由曹鸿勋书扉页"续齐鲁古印攈"。此书每页一印，背书"光绪壬辰潍县郭氏定本"十字。

《玺印集林》近代林树臣辑。林氏与当时印学名流吴昌硕、黄宾虹友善。嗜古印成癖，奔走燕鲁吴越间，广为搜罗，共寻战国至元古印3500余。

《赫连泉馆古印存》罗振玉1915年辑，共录印326方。上虞罗氏振玉（1866～1940年）对吉金玺印极有研究，在印谱前自作长序，指出玺印"于小学、地理、官氏诸学至有裨益"，很有见地。次年，罗氏又得古印500，再辑《赫连泉馆古印续存》一册，其子多能绍承家学，尤以罗福颐对古玺印研究最为卓越。

《魏石经室古玺印景》为金石学家周进毕生精力所聚，审定严谨，成谱于1927年。谱中多珍奇宝世之品，如泥玺、瓦印等。周进（1893～1937年），字季木。安徽至德（今东至县）人，清两江总督周馥之孙，周学海四子，著名历史学家周一良之叔。

《伏庐藏印》近人陈汉第辑，谱成于1940年，共录玺印600余，其中战国、秦之印玺百余钮，皆至精之品。陈汉第（1874～1949 年），号伏庐，浙江杭州人，清末翰林，早年留学日本，与孙中山等关系密切，辛亥革命后历任总统府秘书、国务院秘书长、参政院参政，清史馆编纂、提调、故宫博物院委员等职。晚年寓居上海，潜心书画创作和金石收藏。

封泥是古代（战国至汉魏）印章使用的珍贵遗蜕。辑有《十钟山房印举》的陈介祺也是研究封泥的重要学人。1994 年，上海博物馆孙慰祖先生又将存世古封泥近 3000 方汇成《古封泥集成》，是目前封泥谱录中集大成之作。其后，西安相家巷陆续发现大量秦封泥，又有周晓陆、路东之《秦封泥集》（2011 年）、任红雨《中国封泥大系》（2018 年）等出版。

旧时集古印谱多只汇印拓，不见印钮，而钮制有关玺印时代、官级至大。1924 年，陕人郑鹤舫辑秦地出土秦汉印数十以成《望古斋印存》两册，并以其古董商的特别技艺，采用立体拓法，将印钮全形拓出，栩栩如生，在众多集古印谱中一枝独秀。罗振玉序之曰："以响拓法画诸印之钮，精妙绝世，为先世谱录所无，兼可考玺印制度。"

近年全国几家大博物馆、大学陆续将藏印出版，达到了集古印谱的最高水平。其中代表作有：《上海博物馆藏印选》（1979 年），此谱在每印下，摹拟古封泥，附有印章胶样，使我们对古印使用后效果有了直观的了解；《故宫博物院藏古玺印选》（1982 年），录战国至明古印 645 方，钤拓甚精，且附有每方印章的照片；《湖南省博物馆藏古玺印集》（1991 年），录战国至清古印 584 方，除每印附有印图外，下面还标明释文、年代、出处、质地、尺寸等。科学性达到了前所未有的高度。

另外，有两部大型玺印谱录也不可不提。1981 年，由罗福颐先生主编、文物出版社出版的《古玺汇编》，录战国古玺 5708 方。1994 年，康殷先生主编 4 巨册《印典》出齐。此谱为康先生 20 余年精力所聚，采谱百余，录战国至汉魏印章逾万，且编有检字表，若查含有某字的印章，索引立得。此外罗福颐先生主编的《秦汉南北朝官印征存》（1987 年）、王人聪先生编《新出土历代玺印集录（1949～1980 年）》（1981 年），也极有价值。

主要参考书目

1. 曹绵炎：《古玺通论》
2. 罗福颐主编《秦汉南北朝官印征存》
3. 孙慰祖主编《古封泥集成》
4. 王人聪编《新出土历代玺印集录》
5. 王人聪：《新出土历代玺印集释》
6. 王人聪、叶其峰：《秦汉魏晋南北朝官印研究》
7. 陈松长：《玺印鉴赏》
8. 萧高洪主编《历代玺印精品博览》
9. 刘江：《印人轶事》
10. 方去疾编《明清篆刻流派印谱》
11. 景爱编《金代官印》
12. 《西泠印社八十周年论文集·印学论丛》
13. 《故宫博物院藏古玺印选》
14. 《上海博物馆藏印选》
15. 《湖南省博物馆藏古玺印集》
16. 《中国篆刻》

后 记

吴昌硕主持西泠印社后，现代篆刻进入一个新的时代。其中最可称颂者，莫过于齐派篆刻的异军突起。齐白石以他出身一个雕花工匠的过人腕力，对秦汉印和晚清诸家的深层理解，大刀阔斧，纵横不羁，大疏大密，在现代印坛独树一帜，为篆刻艺术的推陈出新确立了光辉的典范。

20世纪80年代，古玺印研究和篆刻艺术创作都迎来了新的春天。印社林立，多达300家。印人辈出，全国定期举办篆刻艺术展，对篆刻艺术的发展起到极大的推动作用。可以毫不夸张地说，当今印坛是足与战国古玺、秦汉玺印、明清流派印比肩的第四个印章艺术大发展的时期。这些虽已超过本丛书所限的对华夏古代文明的追寻，但无疑是令印林振奋的。因此对古代玺印与篆刻的回顾会有助于我们对现代篆刻的理解，因为它是现代篆刻的生命之源。

中国的印章艺术尽精微而致广大。在它漫漫几千年的历程中，峰回路转，由实用而艺术，生生不息。人说：一滴海水可以折射太阳的光辉。如果说小仅方寸的中国古代玺印与篆刻也像一滴海水的话，它不同样折射了我们心中永远不落的太阳——至刚至大的祖国传统文化的夺目光彩吗？

我从中学偶然走进印章的方寸天地，它伴我一路前行，带给我太多的快乐，也不断吸引我好奇求知的目光。感谢主编王仁湘先生给我这么一个机会，与大家一起畅游方寸玺印构筑的大千世界。在写作过程中我参考了大量的印谱、论文、专著、史籍。限于篇幅体例，我们仅简列了其中很小的一部分。谨对他们的研究与贡献表示深深的敬意。在写作过程中，篆刻家刘绍刚、傅嘉仪、赵熊、魏杰等师长朋友惠赠资料，给予了关心和支持。他们把我等引入玺印篆刻的神奇世界，继而同游于斯，实吾辈人生一大幸事。某种意义上讲，这本小书也是数十年中与诸师友金石之交的结晶。书必有不足，甚至谬误，但金石友谊却是无瑕的、永恒的。另外，摄影师罗小幸兄帮助拍摄了部分彩色照片。小幸兄忠厚仁爱，每看到他摄影时专注的神情，我们心中总不禁想起篆刻家曾引入印的一句话：叹交情不似水。

掩卷之时，我又想起了李岚清先生退休后，2007年出版的他的一部个人篆刻集的名字：原来篆刻这么有趣。

谨以此书献给所有热爱祖国优秀传统文化的人们。

辛丑大暑识于西安碑林

作者简介

陈根远　1965年出生于秦都咸阳，1984年负笈齐鲁，学习于山东大学考古专业。现为西安碑林博物馆研究员。

中学即对篆刻印章发生兴趣，四十年来游刃耕石，印作曾入选《第四届全国篆刻艺术展》《20世纪陕西书法篆刻艺术展》《全国篆刻名家邀请展》《第五届印道·中国篆刻艺术双年展——当代100位著名篆刻家主题创作展》等。现任终南印社副社长、西泠印社社员。

由治印转而研究印学，并对其他铭刻文物亦有关注，出版有《印章鉴藏》《陈根远说印章》《西安碑林博物馆珍品讲读》《瓦当留真》等专业图书30种。2000年应邀赴香港参加首次古玺印专题国际学术会议，并宣读论文《〈山东新出土古玺印〉献疑》。发表《"昌平家丞"印考释》《古官印辨析五例》《新见李自成时期两方官印及其相关问题》等学术论文60余篇。